Manoel Godoy

Presbyterorum Ordinis
Texto e comentário

Paulinas

Dados Internacionais de Catalogação na Publicação (CIP)
(Câmara Brasileira do Livro, SP, Brasil)

Godoy, Manoel
    Presbyterorum Ordinis / texto e comentário Manoel Godoy.
– São Paulo : Paulinas, 2012. – (Coleção revisitar o Concílio)

    ISBN 978-85-356-3287-3

    1. Concílio Vaticano (2. : 1962-1965). Decreto sobre o
ministérios e a vida dos presbíteros   2. Documentos oficiais
3. Ecumenismo   4. Igreja Católica - Clero   5. Vida monástica e
religiosa I. Título. II. Série.

12-09891   CDD-262.52

Índice para catálogo sistemático:

1. Concílio Vaticano 2º : Presbyterorum Ordinis : Comentários 262.52

1ª edição – 2012

Direção-geral:
Bernadete Boff

Editores responsáveis:
Vera Ivanise Bombonatto
Antonio Francisco Lelo

Copidesque:
Anoar Jarbas Provenzi

Coordenação de revisão:
Marina Mendonça

Revisão:
Ruth Mitzuie Kluska

Gerente de produção:
Felício Calegaro Neto

Assistente de arte:
Ana Karina Rodrigues Caetano

Projeto gráfico:
Telma Custódio

Diagramação:
Manuel Rebelato Miramontes

Nenhuma parte desta obra poderá ser reproduzida ou
transmitida por qualquer forma e/ou quaisquer meios
(eletrônico ou mecânico, incluindo fotocópia e gravação)
ou arquivada em qualquer sistema ou banco de dados
sem permissão escrita da Editora. Direitos reservados.

Paulinas

Rua Dona Inácia Uchoa, 62
04110-020 – São Paulo – SP (Brasil)
Tel.: (11) 2125-3500
http://www.paulinas.org.br – editora@paulinas.com.br
Telemarketing e SAC: 0800-7010081

© Pia Sociedade Filhas de São Paulo – São Paulo, 2012

Sumário

Introdução 4

I. Vida e missão dos presbíteros na Igreja e na sociedade 10

II. Pastoral do Cuidado Presbiteral: uma recepção criativa do Decreto *Presbyterorum Ordinis* 27

TEXTO E COMENTÁRIO

Proêmio 42

Capítulo I. O presbiterado na missão da Igreja 45

Capítulo II. O ministério dos presbíteros............................53

    I. Funções dos presbíteros...53

    II. Relações dos presbíteros com os outros 70

    III. A distribuição dos presbíteros
    e as vocações sacerdotais..86

Capítulo III. A vida dos presbíteros....................................94

    I. A vocação dos presbíteros à perfeição........................94

    II. Peculiares exigências espirituais
    na vida dos presbíteros 108

    III. Auxílios para a vida dos presbíteros...................... 123

Conclusão e exortação 133

Promulgação 136

Introdução

Os presbíteros na Igreja são os ministros de Cristo a serviço do Povo de Deus, enquanto consagrados no Sacramento da Ordem pela Unção do Espírito Santo e configurados a Cristo sacerdote. No ministério, portanto, fazem as vezes de Cristo, que por meio deles continua sem cessar a missão recebida do Pai. A Eucaristia é o centro e a fonte de todo o ministério dos presbíteros e a caridade pastoral o seu eixo.

Quando se está diante de um texto do magistério, sobretudo quando ele é fruto de Sínodos, Concílios, Conferências e Assembleias, é bom levarmos em conta que ele é fruto de um consenso buscado em vista da comunhão eclesial. Portanto, nem sempre ele é perfeitamente coeso, pois para criar o consenso até se superpõem ideias e pontos de vista. Não há nada de errado nisso e é sempre bom saber que depois do texto ocorre a recepção dele, que conta com assistência do Espírito de Deus que age no povo.

O Decreto sobre o ministério e a vida dos presbíteros sofreu inúmeros vaivéns entre a comissão de redação e as Aulas Conciliares até chegar à sua última produção, que mesmo assim ficou aquém de muitas expectativas. Para facilitar a hermenêutica do Decreto *Presbyterorum Ordinis*, faz-se indispensável ler as Atas Conciliares e os comentários do então Frei Boaventura Kloppenburg, publicados na *Revista Eclesiástica Brasileira* (REB de 1964, pp. 888-891; REB de 1965, pp. 440-443 e 475-479). O que segue é uma síntese desses artigos para facilitar a interpretação do Decreto e dos comentários desta edição.

Interessante observar que aconteceram intervenções muito significativas de bispos brasileiros, e até mesmo decisivas. A chamada Comissão da Disciplina do Clero e do Povo Cristão, encarregada da redação do documento sobre os presbíteros, elaborou 17 esquemas de Decretos. Diante da impossibilidade de se fazer aprovar tudo pelo Concílio, no final da Primeira Sessão ficou decidido que se fizesse apenas um esquema geral, denominado *De Clericis*, com elementos dos esquemas aprovados pela Comissão Central pré-conciliar, no ano de 1961.

O novo texto, aprovado pela Comissão de Coordenação, foi enviado aos bispos no primeiro semestre de 1963. A Comissão recebeu muitas emendas, inviabilizando sua apresentação na Segunda Sessão do Concílio. Em 1964, a Comissão de Coordenação ordenou que o texto fosse reduzido a algumas proposições a serem sufragadas pelos Padres Conciliares e não mais para serem debatidas. Essas proposições receberam primeiramente o nome de *De Sacerdotibus*, que depois de muitas emendas passaram a ser chamadas de *De Vita et Ministerio Sacerdotali*. Esse projeto foi massacrado em 1964, e teve até quem afirmasse que, se ele fosse publicado como estava, "seria uma injúria aos sacerdotes". Dentre as novas sugestões para o texto, apareceu até que se criasse "um organismo sacerdotal de consulta e possibilidade de defesa contra medidas demasiadamente arbitrárias de bispos que levam o conceito de obediência a consequências exageradas". Apareceu também quem louvasse a reafirmação do celibato e quem afirmasse que ele era um peso, reconhecendo que há uma crise nesse campo.

De todas as intervenções, a mais significativa foi a de Fernando Gomes dos Santos, Arcebispo de Goiânia, que falou em nome de 112 bispos do Brasil e de outros países. Palavras firmes e fortes: "O modo paternalista de falar não se harmoniza absolutamente com o modo teológico e verdadeiramente pastoral dos demais esquemas e não raramente estabelece para os sacerdotes coisas que não ousamos estabelecer para nós mesmos, como, por exemplo, as questões da pobreza, da vida comum, da fuga da vaidade, da simplicidade no vestir, da procura de títulos". Mediante essa fala, o texto, que deveria ser simplesmente sufragado, foi colocado em votação se esse deveria ser de fato o procedimento. Tal proposta foi amplamente rejeitada, obrigando uma vez mais nova redação e adiamento para a última sessão do Concílio, em 1965.

Ainda que aplaudido, o último esquema sofreu inúmeras críticas. Como exemplo, temos as seguintes: é muito jurídico e ocidental; não tem dimensão profética, ecumênica e missionária; é radicalmente insuficiente do ponto de vista doutrinário, pastoral e psicológico; seu estilo é por demais exortativo, não fala suficientemente da nova situação pastoral, não responde às dificuldades pessoais dos padres e não oferece nenhuma solução aos problemas concretos da vida sacerdotal de hoje; o esquema desconhece o espírito do Vaticano II. Porém, coube ao cardeal belga Suenens fazer a crítica mais atroz: "O texto não corresponde suficientemente às generosas aspirações dos nossos sacerdotes, pois seu modo de falar é abstrato e intemporal, referindo-se não poucas vezes a um regime de cristandade já em vias de desaparecimento"; e arrematou: "É um texto sem sobriedade, sem energia e sem virilidade".

O Papa Paulo VI, sabendo que o tema do celibato estava gerando muita insatisfação e possíveis debates, fez a seguinte declaração, sem impedir a liberdade dos padres conciliares: "Não é oportuno discutir publicamente este assunto, que exige suma prudência e é de grande importância. É nosso propósito não só conservar com todas as nossas forças esta lei antiga, sagrada e providencial, mas também revigorar a sua observância, chamando a atenção dos sacerdotes da Igreja latina para o conhecimento das causas e das razões que hoje, principalmente hoje, fazem com que esta lei seja considerada muito apta, pois graças a ela os sacerdotes podem consagrar todo o seu amor somente a Cristo e dedicar-se inteira e generosamente ao serviço da Igreja e das almas".

Vários discursos que já estavam preparados sobre o tema e iriam ser feitos na Congregação onde o texto seria apresentado foram interditados por essa intervenção do Papa. Porém, o jornal francês *Le Monde* publicou, dias depois, um desses discursos, que, sem estar contra a lei do celibato, apresentava o desejo de que se abrisse a possibilidade também de se abrigar no seio da Igreja um clero casado. Tratava-se da fala de Dom Pedro Paulo Koop, bispo de Lins-SP. Em suma, ele dizia o seguinte: "Para salvação da Igreja em nossas regiões da América Latina, deve-se introduzir o mais cedo possível, entre nós, o clero casado constituído de excelentes homens casados, permanecendo íntegra a lei do celibato em vigor". Ele se referia à enorme área descoberta da assistência da Igreja devido à carência de sacerdotes. Dizia: "Já agora perdemos anualmente um milhão de almas na América Latina e no Brasil diariamente mil pessoas abandonam a Igreja. Donde tiraremos os sacerdotes para os 200 milhões de brasileiros no fim do século, daqui a 35 anos? O povo tem direito de receber o Evangelho e a vida sacramental. Trata-se de um direito divino que não pode ser anulado por nenhuma lei humana e que a Igreja, por justiça, tem obrigação de respeitar". Dom Koop saúda a iniciativa conciliar de recuperar a praxe dos Diáconos Permanentes, mas diz que são uma ajuda, mas não resolvem, e conclui categoricamente: "Não basta dizer piedosamente que Deus não permitirá que na Igreja faltem sacerdotes. Os fatos, no Brasil, provam manifestamente, o contrário. Nem nos acusem de omissão: construímos seminários, procuramos vocações, rezamos e mandamos rezar. Desde que eu me conheço foi esta a preocupação constante no Brasil. E o resultado?".

Apesar da recomendação do Papa Paulo VI para que não se debatesse sobre o celibato, ainda apareceram algumas intervenções na Aula Conciliar da última Sessão, em 1965. Um dos moderadores do Concílio pontuou o seguinte: "Por um lado o celibato é apresentado como um dom do Pai dado somente a algumas pessoas e por outro é exigido de todos os sacerdotes da Igreja latina. Surge daí um impasse". A 153ª Congregação Geral terminou com uma exposição mais ampla sobre a situação dos padres diante dos desafios da sociedade moderna, e o esquema, já com o nome de *De Ministerio et Vita Presbyterorum*, voltou à Comissão de Redação para ser emendado.

Nos dias 12 e 13 de novembro de 1965, em 15 sufrágios, o texto foi votado e recebeu ainda 2.198 votos modificativos. O Texto emendado foi entregue aos Padres conciliares no dia 30 de novembro e votado no dia 2 de dezembro. Entregue ao Papa, ele determinou sua votação final, que ocorreu na Sessão pública de 7 de dezembro de 1965, recebendo 2.390 *placet* e 4 *non placet*, de um total de 2.394 Padres conciliares presentes.

Tudo isso nos ajuda a buscar uma hermenêutica para o Decreto Conciliar sobre o Ministério e a Vida dos Presbíteros – *Presbyterorum Ordinis*. Chamamos a atenção para a sugestiva mudança de nome do Decreto, que começou tratando os padres de clero, passando para sacerdote e chegando finalmente ao vocábulo presbítero. Sobretudo no Brasil, "presbítero" tem sido o termo mais usado por favorecer uma compreensão mais ampla do ministério do padre na perspectiva dos três múnus – profeta, sacerdote e pastor. Uma das três dimensões do ministério do presbítero é a sacerdotal e não a única, pois o padre não se reduz a mero executor de sacramentos, nem tão somente ao aspecto cúltico de sua missão.

Agora que celebramos os 50 anos da abertura do Concílio Vaticano II, temos um panorama bastante mudado no presbitério da Igreja Católica no Brasil. Os presbíteros são mais brasileiros, diocesanos e jovens. No total, há mais de 22 mil presbíteros buscando dinamizar as quase 11 mil paróquias com mais de 100 mil comunidades cristãs espalhadas pelo território brasileiro. Na múltipla maneira de exercer o ministério, emergem os padres da paróquia, da educação, do movimento popular, dos seminários e tantos outros fazendo na sua vida a recepção do Decreto Conciliar *Presbyterorum Ordinis*.

I

Vida e missão dos presbíteros na Igreja e na sociedade

Sacerdotes e presbíteros

Para abordar o papel do presbítero na Igreja e na sociedade, pode-se enfocar um aspecto que julgo importante e, quem sabe, assim colaborar com o debate sobre o ministério e a vida dos presbíteros, objeto do Decreto Conciliar *Presbyterorum Ordinis*. Trata-se de duas maneiras de considerar o ministério presbiteral que julgo predominantes na instituição católica. Uma delas vê esse ministério quase que somente na perspectiva do sagrado e insiste no vocábulo sacerdote/sacerdotal; a outra prefere a terminologia presbítero/presbiteral, que permite um desdobramento da missão do padre de acordo com os três múnus. Quando se usa *sacerdote*, destaca-se uma dimensão do ministério presbiteral que é a relacionada com os sacramentos, com o sagrado, homem do sacrifício. Quando se prefere o termo *presbítero*, procura-se abranger os três ofícios do Cristo confiados a sua Igreja: a todos os batizados e, dentre eles, aos presbíteros. Os conhecidos três múnus – sacerdotal, profético e pastoral (ou real/régio) – foram atribuídos pelo Concílio Vaticano II a todos os batizados, que configuram o sacerdócio comum da Igreja, e aos ministros ordenados.

Porém, não há uma linguagem única no conjunto dos textos conciliares. O Decreto *Presbyterorum Ordinis* – sobre o Ministério e a Vida dos Presbíteros, aprovado somente na nona redação, no dia 7 de dezembro de 1965 – não seguiu exatamente a teologia desse ministério desenvolvida pela Constituição Dogmática *Lumen Gentium* – sobre a Igreja, aprovada em 21 de novembro de 1964. Embora o espírito da *Lumen Gentium* aponte para um ministério de serviço no seio de um povo de servidores, no afã de querer resguardar a identidade dos presbíteros, faz uma distinção de corte ontológico, afirmando: "O sacerdócio comum dos fiéis e o sacerdócio ministerial ou hierárquico ordenam-se um ao outro, embora se diferenciem na essência e não apenas em grau" (LG, n. 10).

É interessante que o jesuíta francês Cardeal Albert Vanhoye, antigo reitor do Pontifício Instituto Bíblico de Roma, ignore a palavra "apenas" do texto conciliar (*tantum* no original em latim), e tenha concluído: "Há um ponto interessante na doutrina constante da Igreja Católica, reafirmada ainda pelo Concílio Vaticano II (sic) que a diferença entre os dois sacerdócios não é de grau, mas de natureza". Partindo daí, diz: "Se a diferença fosse de grau, seria certamente contrária à igualdade fundamental de todos os cristãos, porque todos estariam no mesmo sacerdócio, porém, alguns em grau superior ("mais" sacerdotes) e os outros em grau inferior. Em vez disso, sendo a diferença não de grau, mas de natureza, as relações não são de inferioridade e superioridade, mas são relações orgânicas (de funções), mais complexas".[1]

---

[1] MARTINI, Carlo Maria; VANHOYE, Albert. *Bíblia e vocação*. São Paulo: Loyola, 1987. p. 184.

Ora, sem considerar o "apenas", sua conclusão seria perfeita, porém esse é o ponto da questão: a diferenciação entre o sacerdócio comum dos fiéis e o sacerdócio ministerial, que *Lumen Gentium* faz, acentua a distância, não só na essência, mas também no grau, considerando, portanto, um superior e outro inferior. Vanhoye, de maneira acertada, afirma que é errado pensar que o sacerdócio comum seja só dos fiéis, pois ele se constitui em sacerdócio de todo o povo que forma o Corpo de Cristo em seu conjunto, de toda a Igreja. "Todos os cristãos e, por conseguinte, também os presbíteros, os bispos e o papa são chamados a exercer o sacerdócio comum: nisso todos são irmãos." A distinção deveria ser tratada como um reconhecimento de que "o ministério hierárquico na Igreja realiza a função de ser sinal e instrumento da autoridade de Cristo a serviço da unidade (sic); é sacramento da mediação de Cristo". Vanhoye conclui: "A consciência da necessária participação de todos, também dos presbíteros, no sacerdócio comum apresenta outras numerosas vantagens: elimina o espírito de dominação que pode existir em certos presbíteros, e o espírito de inveja de certos leigos, aprofundando em todos o senso da igualdade fundamental e da fraternidade cristã".[2] Destaca, ainda, que o sacerdócio no Novo Testamento é abaixamento e não elevação, solidariedade e não separação e, no caso do ministério ordenado, é mediação na relação do povo com Deus. Interessante sua síntese quando relaciona o sacerdócio ministerial e o sacerdócio comum: "Podemos dizer que o sacerdócio ministerial está ao mesmo tempo abaixo e acima do sacerdócio comum: está abaixo porque está a serviço do sacerdócio comum,

---

[2] Ibid., p. 188.

é-lhe subordinado e não teria sentido em si mesmo; está acima porque condiciona o seu exercício; o sacerdócio comum seria impossível sem ele".[3] E sobre o específico do ministério ordenado, conclui: "O elemento específico do sacerdócio é a mediação entre Deus e os homens; ora o sacerdócio ministerial é sacramento da mediação de Cristo, isto é, sinal e instrumento de Cristo mediador; e isto o sacerdócio comum não é".[4]

Voltando à proposição inicial, a questão de fundo se faz presente quando os padres conciliares tiveram que chegar a um acordo sobre o título que deveriam dar ao documento sobre os presbíteros. O primeiro título "Sobre os clérigos" foi mudado para "Sobre os sacerdotes", depois para "Sobre vida e ministérios sacerdotais", para chegar finalmente ao título definitivo: "Sobre o ministério e a vida dos presbíteros". O que está por trás dessa trajetória do termo "clero" pelo termo "sacerdote" até chegar finalmente ao termo "presbítero"?

Segundo o teólogo alemão Christoph Wrembek, padre jesuíta, "na história da Igreja houve vários modelos da identidade do presbítero, determinados por uma teologia diferente. De um lado está o reverendo, o ministro dos sacrifícios cultuais, separado do povo pela sua consagração, com uma santidade objetiva, agindo 'em nome de Cristo', com suas mãos consagradas, rodeado por uma santa auréola quase visível; tão perto de Deus e tão longe do povo. Do outro lado, o padre um pouco secularizado, que dirige e organiza a comunidade, não quer privilégios, luta nas

---

[3]   Ibid., p. 184.

[4]   Ibid., p. 184.

frentes sociais e políticas, acredita que o caminho de Deus é o ser humano, e só se sente bem no meio do povo".[5]

Podemos constatar que entre esses dois extremos existe um sem-número de variações. Wrembek levanta uma questão importante, nesse contexto, para a definição do papel do presbítero: "Qual é o modelo do presbítero que mais se aproxima daquele que Jesus quis?" Ou melhor: "O que é o ponto decisivo na pessoa de Jesus, para se tornar o modelo da identidade dos presbíteros?".

Jesus Cristo como referência

A teologia que prefere o termo sacerdote tem como enfoque uma comunhão ontológica do sacerdote com Cristo, Bom Pastor e Sumo Sacerdote. "A ordenação como base ontológica do poder espiritual seria a essência do sacerdócio." Nessa perspectiva, o sacerdote exerce seu ministério "em nome de Cristo", age *in persona Christi* e deve ser separado da multidão dos fiéis para estar ao lado de Cristo e em frente aos demais cristãos. Sua separação de tudo o que é profano é condição de sua santidade. Nesse caso, a santidade objetiva do sacerdote deriva da ordenação, que traz consigo um aumento da graça santificante. Teríamos, portanto, de admitir que ao sacerdote Deus concedeu mais graças do que aos outros fiéis cristãos. Não é isso que se pode deduzir dos escritos neotestamentários, que já foi amplamente desenvolvido em outros escritos.[6]

---

[5] Pe. Christoph Wrembek, sj, artigo publicado na *Folha Pastoral: Pastoralblatt fuer die Dioezesen Aachen, Essen, Berlin, Hildesheim, Koeln und Osnabrueck*, cadernos abril e maio de 1992. Tradução de Pe. Cristiano Muffler.

[6] Conferir, por exemplo, os textos paulinos: "Se alguém está em Cristo, é nova criatura" (2Cor 5,17); ou outros textos, como Rm 8,29 e muitos outros que fazem referência a todos os batizados e não especificamente aos presbíteros. Em admitindo uma diferença "ontológica", poderíamos dizer

Também é interessante observar que Jesus mesmo não foi sacerdote, não pertenceu à casta sacerdotal e o povo o identificava não como sacerdote mas sim como grande profeta. Jesus não chamou nenhum sacerdote para ingressar no grupo dos apóstolos nem dos discípulos. E a Igreja primitiva não criou o ministério do sacerdócio. Havia muitos ministérios: diáconos, epíscopos, profetas, apóstolos, evangelistas, presbíteros etc., mas não sacerdotes. A palavra "presbítero" significa "dirigente, animador, presidente, mais idoso, pai de família". A palavra "sacerdote", em grego *hiereus*, e o ministério correspondente parecem rejeitados. "A lógica do Novo Testamento e da Igreja primitiva é esta: só se precisa de sacerdotes numa religião de sacrifícios. Não havendo mais sacrifícios, também não se precisa mais de sacerdotes."[7] Por tudo isso, tendo Jesus como referência, podemos dizer que sua Igreja seria sem sacerdotes.[8]

---

que, se ela existe, está entre os não crentes e os crentes. Mergulhado no sofrimento devido ao sempre misterioso "espinho na carne", o apóstolo pedia insistentemente mais graça e teve como resposta: "Para você basta a minha graça" (2Cor 12,9). Isso deixa claro que Paulo não recebeu mais graça do que todos os outros batizados. Da mesma forma, o conceito "sacrifício" é evitado como o do sacerdote, no Segundo Testamento. Quando em Efésios 5,2 encontramos a palavra sacrifício, nós a vemos com o seguinte texto "Vivei no amor, como também Cristo vos amou e se entregou por nós", quer dizer "como Cristo que se doa a si mesmo por amor". Em Rm 12,1 temos: "Irmãos, pela misericórdia de Deus, eu vos exorto a oferecer vossos corpos como sacrifício vivo, santo e agradável a Deus, pois este é o vosso culto espiritual". O destaque não está na palavra "sacrifício", mas em "vossos corpos", pois, como fala Jesus, quando cita Oseias 6,6, "quero misericórdia, não sacrifícios". E, por fim, em 1Cor 5,7: "Cristo, nossa Páscoa, foi imolado". Paulo (ou um seu discípulo, pois Efésios não faz parte das cartas autênticas de Paulo) faz uma comparação com o cordeiro sacrificado, na noite da Páscoa dos judeus. Fora este texto, Paulo só usa a palavra "sacrifício" quando se refere aos sacrifícios pagãos.

[7] MARTINI; VANHOYE, *Bíblia e vocação*, cit., nota 2.

[8] Somente a Carta aos Hebreus, tardiamente aceita no cânon, faz uma releitura do ministério de Cristo, atribuindo-lhe o título de sacerdote. Ainda assim,

Diferenciando-se da religião judaica que trabalhava o conceito da ira de Deus, que precisava de sacrifícios para ser acalmado, o Segundo Testamento acentua não sacrificar algo, mas entregar-se a si mesmo. E essa entrega não para aplacar a ira de Deus, pois ele é perdão e misericórdia e não precisa disso para nossa salvação. Como diz a 1Pd 4,8: "Antes de tudo, conservai entre vós um grande amor, pois o amor cobre uma multidão de pecados". É no amor e na entrega de si mesmo que a práxis de Jesus nos revela o caminho da salvação.

Quando Jesus institui a Eucaristia, ele diz: "Isto é meu corpo que será entregue por vós." Jesus como judeu poderia dizer: "Meu corpo, que será sacrificado por vós". Mas diz: "Entregue por vós". Nossa liturgia, porém, insiste nos prefácios da Páscoa com a expressão: "Cristo, nossa Páscoa, foi imolado"; e no prefácio da Santíssima Eucaristia, I: "Sua carne imolada por nós". Imolar está profundamente relacionado com sacrificar e não com entregar.

Se Jesus, neste ponto central, não usa a palavra "sacrificar" (para um judeu seria lógico e natural), mas "entregar", deve ter um motivo mais grave, que merece nossa atenção. Existe uma grande diferença entre "sacrificar" e "entregar". Sacrificar indica uma oferta de expiação dos pecados dos homens diante de Deus; entregar revela que é Deus que se entrega por nós e nos manda fazer de nossa vida também uma doação. Portanto, Jesus não podia usar

---

sacerdote na Carta aos Hebreus sofre uma purificação conceitual para ser aplicado a Cristo, transformando-se num sacerdócio real, existencial. Uma diferença significativa, por exemplo, é o fato de que "no AT os sacerdotes são pecadores, mas não têm misericórdia com os pecadores. Cristo, ao invés, é sem pecado, mas é cheio de misericórdia para com os pecadores" (ibid., p. 129).

a palavra "sacrificar" ou "imolar", porque nela está contida uma ideia totalmente equivocada de Deus.

Jesus não se serviu do conceito "sacrificar"[9] e nem da imagem de Deus nele contida, como também do sacerdócio correspondente, e colocou no seu lugar a palavra nova "entregar". Entrega consciente e voluntária de Deus aos homens. Portanto, tendo Jesus como referência, o presbítero não deveria ser reduzido a sacerdote.

Tornar-se santo no meio do povo e não separado dele para se purificar

Podemos, ainda, argumentar com o exemplo dos santos, que realizam o novo jeito de ser sacerdote. Santificam-se no meio dos fiéis, a serviço deles, doando totalmente suas vidas, não se separando do Povo de Deus. Um presbítero santo é aquele que se doa aos outros, não aquele sacerdócio do templo, que sacrifica animais a Deus. "Oferecer sacrifícios espirituais que Deus aceita por meio de Jesus Cristo" significa, agora, servir ao povo, fazendo de sua vida uma oferta agradável, segundo o jeito da santidade de Deus. Significa: correr ao encontro dos irmãos e irmãs, representar sua bondade incondicional, significa o jeito misericordioso de Deus sem fazer distinção entre maus e bons. O fundamental é, portanto, o "sacerdócio comum" de todos, quer dizer: cada batizado é chamado para a santificação segundo o jeito de ser de Deus, que consiste em dar a sua vida e em amar "como eu vos amei".

---

[9] Como bem acentuou Vanhoye, "o evento do Calvário nada teve de sacrifício ritual. Apresentou-nos antes como o contrário, o oposto de um sacrifício, pois foi uma punição legal, a execução de uma condenação à morte, de um criminoso. Ora, uma punição legal é exatamente o inverso de um sacrifício" (ibid., pp. 98-99).

Do meio deste povo de sacerdotes, de santos, alguns são chamados para ser, na comunidade, anciãos e líderes, quer dizer "presbíteros". Estes têm a autoridade de presidir as comunidades porque por elas se afadigam (1Ts 5,12s); porque cuidam de todos não por coação, mas de coração generoso; não por torpe ganância, mas livremente; não como dominadores da herança a eles confiada, mas antes como modelo para todos (1Pd 5,2-3). Portanto, estão aptos para o presbitério aqueles que estejam dispostos e sejam capazes de se esforçar e se consumir e se afadigar como Cristo o fez. Por causa disso, como afirma a Carta aos Tessalonicenses, os irmãos e as irmãs devem também considerar com grande estima e amar os seus presbíteros, não por causa da sua consagração, mas sim pela sua atuação, pela sua entrega. Nessa perspectiva, emerge com clareza a verdadeira dimensão do ministério presbiteral, cujo aspecto característico é a diaconia e não a liturgia.

Ressignificação das palavras

É claro que as palavras, com o passar do tempo, sofrem ressignificações e é preciso estar atento para não dar nome equivocado às coisas. Precisamos superar linguagens que já estão por demais atreladas a vivências que não facilitam novas considerações, sobretudo em se tratando do campo eclesial. Dessa forma, sacerdote, pastor e profeta carecem de muitas considerações para que o ministério presbiteral seja entendido nos dias de hoje.

Numa eclesiologia total, em que os ministérios se diversificam e a missão eclesial se complexifica, insisto que o vocábulo presbítero pode facilitar a compreensão da missão dos que não querem ser reduzidos a meros cidadãos do altar, do sacrifício, dos sacramentos, por mais importantes que sejam. Não é isento de ambiguidades, mas menos reducionista do que sacerdote. E, nessa eclesiologia, o sacramento fundante é o Batismo e não a Ordem. Dessa forma, não se insiste na diferença – hierarquia-laicato –, mas na igualdade básica, donde temos a comunidade com seus carismas e ministérios. Nesse contexto, a presidência da Eucaristia é naturalmente atribuída a quem preside a comunidade e por ela dá sua vida, buscando manter os irmãos e irmãs confirmados na fé e na comunhão de corações e mentes.

A exortação pós-sinodal do Papa João Paulo II sobre a formação sacerdotal – *Pastores Dabo Vobis* (PDV) – oscilou entre os dois vocábulos: presbíteros e sacerdotes. Usou-os como se fossem termos correlatos. E, no afã de buscar definir a identidade presbiteral, alternou a mediação cristológica com a eclesiológica, sem, no entanto, atingir um texto coeso. Afirma, de um lado: "É no interior do mistério da Igreja como comunhão trinitária em tensão missionária, que se revela a identidade cristã de cada um e, portanto, a específica identidade do sacerdote e do seu ministério" (PDV, n. 12). Como também: "A eclesiologia de comunhão torna-se decisiva para explicar a identidade do presbítero". Por outro lado, insiste "no ligame ontológico específico que une o sacerdote a Cristo, Sumo Sacerdote e Bom Pastor" (PDV, n. 11), favorecendo uma compreensão da ordenação e da missão do presbítero como algo absoluto e desligado da comunidade eclesial. No seu conjunto, porém, sem sombra de dúvidas, a exortação permite perceber um presbítero como homem de Deus a serviço do povo, na perspectiva do texto global da *Lumen Gentium*. Na verdade, a exortação mantém a mesma questão conciliar, que não logrou uma síntese entre as duas concepções do ministério ordenado, embora lhe tenha aberto o caminho para ela:[10] a pneumatológico-eclesial, mais presente no primeiro milênio cristão, e a cristológico-individualista, predominante no segundo milênio.

Em Aparecida, comparando os dois textos, ou seja, o que foi produzido lá na Conferência e o que foi publicado como oficial, percebe-se que os enxertos, no que tange aos presbíteros, visam reforçar a dimensão sacerdotal, pois os acréscimos insistem na administração do sacramento da Reconciliação, na celebração diária da Eucaristia e no celibato. Para exemplificar, basta a seguinte proposição dos acréscimos: "O sacerdote deve ser homem de oração, maduro em sua escolha de vida por Deus, fazer uso dos meios de perseverança, como o Sacramento da Confissão, a devoção à Santíssima Virgem, a mortificação e a entrega apaixonada a sua missão pastoral". Acentua-se, outra vez, apenas uma dimensão, ainda que muito importante, do ministério presbiteral. É claro que a recepção de um texto sempre se sobrepõe à sua letra e de Aparecida ficamos com a característica bastante sugestiva do ministro ordenado como discípulo-missionário em meio a um povo de discípulos e discípulas, missionários e missionárias.

Clericalismo e carreirismo

Com a mais recente avalanche de clericalismo que assola a Igreja, vemos que há mais acento na questão sacerdotal e enfraquecimento de uma visão mais ampla do ministério presbiteral. Essa, porém, é apenas a ponta do iceberg do problema da teologia dos ministérios, que

---

[10] TABORDA, Francisco. *A Igreja e seus ministros*; uma teologia do ministério ordenado. São Paulo: Paulus, 2011. p. 129.

distancia ainda mais bispos, padres e leigos, criando uma espécie de muro de separação entre as diversas modalidades do ser cristão. É preciso cada vez mais acentuar que a hierarquia querida por Cristo é a do serviço: "Se alguém quer ser o primeiro, seja o último de todos e o servo de todos" (Mc 9,35). Pior de tudo é quando esse clericalismo desencadeia um processo de carreirismo.

Interessante que inúmeras vezes o Papa Bento XVI tem chamado a atenção para o problema do carreirismo na Igreja. No dia 2 de fevereiro de 2010, falando a um grupo de padres, ele os interrogou: "A carreira e o poder não serão uma tentação? Uma tentação da qual não estão imunes nem aqueles que têm um papel de animação e de governo na Igreja?". E durante uma ordenação de quinze sacerdotes, em 2006, o Papa, servindo-se do Evangelho do domingo do Bom Pastor, destaca com precisão: "Quem sobe por outro lugar, é ladrão e assaltante" (Jo 10,1). A palavra "sobe" evoca a imagem de alguém que se agarra sobre o recinto para alcançar, escalando, lá onde legitimamente não poderia chegar. "Subir" pode-se ver aqui também como imagem do carreirismo, da tentativa de chegar "ao alto", de procurar uma posição mediante a Igreja: servir-se, não servir. É a imagem do homem que, através do sacerdócio, quer fazer-se importante, se tornar um personagem; a imagem daquele que focaliza a própria exaltação e não o humilde serviço de Jesus Cristo. Mas a única subida legítima rumo ao ministério do pastor é a cruz. Esta é a porta... Entrar pela porta, que é Cristo, quer dizer conhecê-lo e amá-lo sempre mais, para que a nossa vontade se una à sua e o nosso agir se torne uma só coisa com o seu agir.[11]

---

[11] Cf. Agência Fides 8/5/2006.

Diante dessa reflexão, fica claro que qualquer tipo de exibicionismo por meio do ministério presbiteral é contrário a sua natureza de serviço, de doação, de abnegação. Sobretudo, hoje, onde os meios de comunicação social favorecem enormemente a exposição exacerbada de alguns, fazendo surgir até mesmo verdadeiros fãs-clubes, é muito pertinente a palavra do Papa para que não percamos de vista a finalidade real do ministério presbiteral. Também corrobora para conter o exibicionismo nos meios de comunicação a mensagem do Papa Bento XVI para o 44º Dia Mundial das Comunicações Sociais (16/5/2010), intitulada: *O sacerdote e a pastoral no mundo digital: os novos media ao serviço da Palavra.* "A divulgação dos 'multimídia' e o diversificado 'espectro de funções' da própria comunicação podem comportar o risco de uma utilização determinada principalmente pela mera exigência de marcar presença e de considerar erroneamente a *internet* apenas como um espaço a ser ocupado."

Superando a concepção sacerdotalista do ministério ordenado

Para pontuar com precisão o papel do presbítero na Igreja e na sociedade, julgo importante perceber as diferenças dessas duas concepções do ministério: a sacerdotal e a presbiteral. Pode facilitar esse trabalho uma boa conjugação da tríplice dimensão do ministério – pessoal, comunitária e colegial – em seu exercício pastoral. Essas dimensões ajudam o presbítero a ter consciência de sua vocação, de sua responsabilidade na comunhão dos fiéis e a viver na dinâmica da comunhão, com base sacramental, que o abre e o vincula a outras realidades eclesiais, e extraeclesiais, evitando assim todo fechamento, autossuficiência ou narcisismo.[12]

Proponho, portanto, a superação de uma concepção sacerdotalista do ministério presbiteral, buscando uma nova consideração que favoreça a todos os cristãos fazer da vida uma entrega, uma oferta de si mesmos Àquele que nos envia a servir aos irmãos e irmãs, sobretudo aos pobres. Nessa perspectiva, os presbíteros se destacariam como aqueles que querem viver a sua entrega de maneira radical, dispostos a se afadigar por todos os que lhe forem confiados, até mesmo dando suas vidas. Para que esse gesto seja concreto, devemos nos fazer próximos dos pobres e não separados deles como homens sagrados e intocáveis.

Essa é uma missão de enorme responsabilidade e compromisso que exige dos presbíteros abertura para um trabalho colegiado, evitando ser franco-atirador. Nessa perspectiva, podemos ressaltar duas indicações para o agir do presbítero na Igreja e na sociedade: a vivência da caridade pastoral, sobretudo na proximidade dos pobres, e a ação colegiada com os demais presbíteros da sua Igreja particular.

A vivência da caridade pastoral, sobretudo na proximidade dos pobres

A caridade pastoral é o eixo da vida e missão dos presbíteros, como bem afirma o Decreto Conciliar *Presbyterorum Ordinis*, e na América Latina, a partir da Conferência

---

[12] DE LA FUENTE, Eloy Bueno. *Eclesiologia*; serie de Manuales de Teología. Segunda Edición (actualizada). Madrid: Biblioteca de Autores Cristianos, 2004.

de Medellín, recepção criativa do Concílio Vaticano II no continente latino-americano, os presbíteros a assumiram com a peculiaridade da opção pelos pobres. Nesse enfoque, pode-se afirmar que a questão da identidade presbiteral encontra seu caminho de superação, pois para a Igreja que emerge em Medellín, reafirmada pelas subsequentes Conferências Gerais do Episcopado Latino-Americano, o presbítero vive sua configuração a Cristo no empenho da caridade pastoral, sobretudo a serviço dos pobres e em profunda comunhão com os demais ministros ordenados. É, porém, a vivência no estilo de vida simples e próxima dos pobres que lhe confere uma característica única de ministro ordenado, seguidor de Jesus Cristo, de quem é discípulo-missionário. A Conferência de Aparecida oferece um itinerário preciso para a internalização da opção pelos pobres na vivência cotidiana do ministério:

> Só a proximidade que nos faz amigos nos permite apreciar profundamente os valores dos pobres de hoje, seus legítimos desejos e seu modo próprio de viver a fé. A opção pelos pobres deve nos conduzir à amizade com os pobres [...]. À luz do Evangelho reconhecemos sua imensa dignidade e seu valor sagrado aos olhos de Cristo, pobre como eles e excluído como eles. A partir dessa experiência cristã compartilharemos com eles a defesa de seus direitos (DAp, n. 398).

A inserção na Igreja local

A concepção pneumatológico-eclesial, mais fortemente presente no primeiro milênio cristão, traz a inserção numa comunidade local como elemento intrínseco da ordenação de um ministro para o exercício da missão evangelizadora. O teólogo jesuíta Francisco Taborda afirma: "Na concepção de ministério ordenado do primeiro milênio entram em questão dois elementos fundamentais: o gesto sacramental (imposição das mãos com a prece de ordenação) e a ligação do candidato a uma comunidade local concreta, onde desempenhará seu ministério".[13] E ainda remarca: "Sem uma comunidade local determinada não há ordenação".[14] Creio que esse elemento é de suma importância para os dias de hoje para fazer frente ao individualismo exacerbado que tem proliferado junto aos presbíteros. Como bem lembra o Decreto Conciliar *Presbyterorum Ordinis*, a fraternidade presbiteral é sacramental: os presbíteros "formam um só presbitério na diocese para cujo serviço estão escalados sob a direção do bispo próprio" (PO, n. 8). Por meio do vínculo da caridade, da oração e das inúmeras formas de cooperação, cada presbítero é chamado a viver em fraternidade presbiteral, para a qual é fundamental a afirmação da eclesiologia da Igreja local.

A Conferência de Aparecida também indica fortemente essa inserção quando afirma que, ao lado da referência fundamental ao Bom Pastor e à caridade pastoral, é indispensável na identidade presbiteral o cultivo do amor pela Igreja local, onde os presbíteros exercerão o seu ministério em comunhão com o bispo e demais presbíteros da diocese (DAp, n. 195), de modo a valorizar a pastoral orgânica e se inserir com gosto em seu presbitério (DAp, n. 198). Assim sendo, ao empregar os termos "presbítero" e "presbiteral" relacionados à Igreja local, Aparecida segue o espírito conciliar, realçando a

---

[13] TABORDA, Francisco. *A Igreja e seus ministros*; uma teologia do ministério ordenado. São Paulo: Paulus, 2011. p. 108.

[14] Ibid., p. 109.

importância da pertença ao "presbitério", da comunhão fraterna e da inserção na diocese.[15]

O Concílio Vaticano II, no seu Decreto *Presbyterorum Ordinis*, nos ajuda a perceber, por fim, que a missão do presbítero é universal e exigente, o que demanda ter abertura missionária, saber trabalhar em comunhão, ser criativo e cuidar de si mesmo. Os presbíteros devem ter a peito a solicitude por todas as Igrejas (PO, n. 10); não se devem prender exclusivamente ao trabalho paroquial: onde o exigirem razões de apostolado, aplainem-se os caminhos não apenas à adequada distribuição de presbíteros, mas também às obras pastorais especializadas (PO, n. 10); confiem nos leigos como irmãos no trabalho pastoral: reconheçam e promovam com sinceridade a dignidade dos leigos e suas incumbências na missão da Igreja, confiando-lhes tarefas para o serviço de todo o Povo de Deus (PO, n. 9); cuidem-se espiritual, psíquica e fisicamente para um bom exercício do ministério (PO, n. 10).

O que anima o ministério, além da convicção absoluta da assistência do Espírito de Deus, fruto da graça prometida a todos os discípulos-missionários de Jesus Cristo, é ver o testemunho incansável de inúmeros presbíteros, que se entregam sem reservas ao serviço do Povo de Deus.

---

[15] Cf. ROCHA, Dom Sérgio da. *Identidade sacerdotal e formação inicial e permanente à luz do documento de Aparecida*. Ata da Reunião Geral de Coordenação do CELAM, Bogotá, 21/7/2009.

II

Pastoral do Cuidado Presbiteral: uma recepção criativa do Decreto *Presbyterorum Ordinis*

Nesses cinquenta anos desde a abertura do Concílio Vaticano II, cresceu enormemente a consciência eclesial de que é necessário cuidar daqueles que deverão exercer o ministério do cuidado em nome da Igreja. Não faltam mesmo palavras de ânimo para que cada Igreja local organize a seu modo o processo de formação permanente dos presbíteros. A CNBB, por meio da Comissão própria que cuida do ministério presbiteral, já desenvolveu um programa consistente para dar sustentação à formação permanente. Inúmeras dioceses acumulam anos de experiência nesse campo. Nossa reflexão é uma espécie de síntese de tudo o que vem sendo feito e que nos pareceu uma espécie de recepção das preocupações conciliares com a qualidade de vida e ministério dos presbíteros. A Exortação Apostólica Pós-Sinodal *Pastores Dabo Vobis*, do Papa João Paulo II, é um real exemplo dos desdobramentos da atenção conciliar com a formação permanente dos presbíteros. Chama a atenção de todos que cuidar da própria formação "é amor a Jesus Cristo e coerência consigo mesmo. Mas constitui também um ato de amor ao Povo de Deus, ao serviço do qual o sacerdote está posto" (PDV,

n. 70). Recepção, porém, é um conceito dinâmico e, muitas vezes, depende de um desenvolvimento processual. Portanto, faz-se necessário renovar os esforços para uma implementação efetiva da formação permanente de todos os presbíteros em todas as Igrejas locais.

"A recepção é o processo pelo qual um corpo torna sua uma realidade, uma determinação que não se deu a si mesmo, reconhecendo que a medida promulgada é uma regra que convém à sua vida. A recepção é mais do que obediência. É uma contribuição própria de consentimento, eventualmente de juízo, na qual se expressa a vida de um corpo que exerce suas capacidades espirituais."[1] Tendo em conta esse conceito de recepção desenvolvido pelo grande teólogo Yves Congar, acreditamos que a Pastoral do Cuidado Presbiteral vem se constituindo numa concreta recepção do espírito conciliar presente não só no Decreto sobre o ministério e a vida dos presbíteros, mas também nos documentos principais que tratam da vida da Igreja e de outros ministérios. A recepção do documento em questão não está completa e nem terminada. É processual. Entre idas e vindas, os presbíteros e todo o Povo de Deus vão recebendo de uma forma e de outra as diversas maneiras de exercer o ministério presbiteral na vida da Igreja e na sociedade. Não poucas ocasiões têm servido para colocar o questionamento em dia: será isso mesmo função de um presbítero? O que se constata é uma grande variedade no exercício do ministério ordenado, favorecendo, muitas vezes, fortes debates sobre a missão específica

---

[1] Congar, Y. La réception comme réalité ecclésiologique (*Revue des Sciences Philosophiques et Théologiques* 56, 1972, 369-403) apud Beozzo, J. Oscar in *Presença pública da Igreja no Brasil (1952-2002): Jubileu de Ouro da CNBB /* Instituto Nacional de Pastoral (org.) São Paulo: Paulinas, 2003, p. 425-426.

do presbítero. Seja, porém, qual for a forma e o modelo do exercício do ministério presbiteral, ele sempre vai carecer de atualização e aprofundamento. A primeira fonte de inspiração para o processo de formação permanente vem da Palavra de Deus:

- "Cuidai de vós mesmos e de todo o rebanho sobre o qual o Espírito Santo vos estabeleceu como guardiões, como pastores" (At 20,28).

- Somos um corpo no qual os dons estão espalhados nos seus membros e ninguém isoladamente é portador de todos os dons (cf. 1Cor 12).

- A missão do Bom Pastor na ótica do profeta Ezequiel, que revela o cuidado de Deus Pai para com o seu povo oprimido e abandonado por quem devia cuidar dele (cf. Ez 34).

- "Sede pastores do rebanho de Deus, confiado a vós; cuidai dele, não por coação, mas de coração generoso; não por torpe ganância, mas livremente; não como dominadores da herança a vós confiada, mas antes como modelos do rebanho" (1Pd 5,2-3).

- "Como bons administradores das graças de Deus, cada um de vós ponha à disposição dos outros os dons que recebeu" (1Pd 4,10).

- "Não descuides o dom espiritual que recebeste e que te foi concedido por uma intervenção profética, com a imposição das mãos dos presbíteros. Atende a estas coisas e ocupa-te delas com todo o empenho, a fim de que o teu aproveitamento seja manifesto a todos. Cuida de ti mesmo e do teu ensino; insiste nestas coisas, porque, fazendo isto, salvar-te-ás a ti mesmo e aos outros que te escutam" (1Tm 4,14-16).

- "Reaviva o dom de Deus que há em ti" (2Tm 1,6).
- "Que todos sejam um para que o mundo creia" (Jo 17,21).

Pastoral Presbiteral: o conceito

Comecemos com uma definição: "Pastoral Presbiteral é o cuidado-acompanhamento, pessoal e comunitário, integral e orgânico que uma Igreja particular oferece aos seus pastores, para que estes se sintam tratados e vivam como pessoas, conheçam Jesus Cristo, sejam como Ele, vivam e ajam como Ele, de modo que possam dedicar-se plenamente ao ministério de Pastores que Deus e a Igreja lhes confiaram em prol da comunidade".[2]

O primeiro destaque que se pode fazer dessa definição está na palavra "cuidado". Embora esse termo seja aprofundado na sequência deste trabalho, aqui vale a pena destacar que cuidado sugere interesse, dedicação e acompanhamento. Interessar-se pela vida, ideal e projeto de cada presbítero pode favorecer o desenvolvimento de um dinamismo salutar na edificação da pessoa que está por trás daquele que, muitas vezes, se sente reduzido a mero funcionário de uma instituição.

O primeiro responsável pelo cuidado do presbítero é ele mesmo. Deve evitar a tentação do isolamento, do desleixo com sua pessoa, com sua saúde e com seu crescimento pessoal. Entre uma vida autocentrada, egoísta, e outra descuidada há uma sadia preocupação consigo mesmo, sem exageros de uma ordem ou de outra.

---

[2] VILLALTA, G. La pastoral sacerdotal en América Latina y Caribe. *Boletim* 282 (Bogotá: CELAM, 1999), p. 34.

Se o cuidado exige uma atenção pessoal de cada presbítero, por outro lado é também tarefa comunitária. Nessa dimensão, emerge o presbitério como espaço natural do cuidado dos presbíteros. Esse cuidado supõe uma eclesiologia de comunhão e participação, uma mentalidade transparente de inclusão de todos os agentes na edificação da Igreja. Como destacava tão bem o Setor Vocações e Ministérios da CNBB: "A vida no presbitério pode, sobretudo, ajudar o presbítero a vencer os vícios de uma estrutura por demais vertical, que, às vezes, leva o presbítero a ser subserviente em relação ao bispo, autoritário com os leigos e pouco irmão com os outros presbíteros da Diocese" (SVM-CNBB, 2002).

Essa dimensão comunitária do cuidado com os pastores pode ser um excelente antídoto ao espírito competitivo que reina em amplos setores da sociedade. Aliada ao individualismo, a competição precisa ser superada pela proposta da cooperação. Como passar do competitivismo ao cooperativismo?

O conceito que estamos trabalhando ainda destaca que a pastoral presbiteral deve ser integral e orgânica. Ora, integral é outro conceito que enfrenta a atual fragmentação, tão presente na vida social. Levar em conta todas as dimensões da pessoa do presbítero favorece evitar o reducionismo do presbítero à sua função. E um cuidado-acompanhamento orgânico implica o envolvimento de toda a Diocese e não simplesmente a criação de mais uma pastoral em meio a tantas outras.

Fundamental na implementação da pastoral presbiteral é a compreensão do que seja verdadeiramente uma Igreja particular. O Concílio Vaticano II a definiu como sendo "a porção do Povo de Deus confiada a um bispo para que a pastoreie em cooperação com o presbitério, de tal modo que, unida a seu pastor e por ele congregada no Espírito Santo mediante o Evangelho e a Eucaristia, constitua uma Igreja particular, na qual verdadeiramente está e opera a una, santa, católica e apostólica Igreja de Cristo" (*Christus Dominus*, n. 11).

Recupera-se a figura do bispo como pastor e não mero administrador. E mais, um pastor que atua em cooperação com o seu presbitério. Portanto, o cuidado do presbítero é missão precípua daquele que foi constituído pela Igreja como pastor entre pastores.

E, como pastores, os presbíteros devem ter o foco de sua vida bem definido: o cuidado do Povo de Deus. Ele terá sempre como referencial absoluto da sua vida Jesus Cristo e sua práxis. Parafraseando a tantos santos, pode-se dizer que a máxima para cada cristão, e para cada presbítero, em especial, deve ser: "Em cada circunstância da vida, em cada momento decisivo, é fundamental que se interrogue a si mesmo, perguntando: O que faria Jesus Cristo se estivesse no meu lugar?".

Dessa forma, pode-se dizer que o objetivo último da Pastoral Presbiteral, concebida como Pastoral do Cuidado, é cuidar dos pastores para que eles cuidem cada vez melhor da parcela do Povo de Deus que lhe foi confiada.

Pastoral do Cuidado

A frase mais radical do Magistério que nos impulsiona para a Pastoral do Cuidado Presbiteral está na *Pastores Dabo Vobis*, do Papa João Paulo II, na perspectiva conciliar: "O ministério ordenado tem uma radical forma comunitária e pode apenas ser assumido como obra coletiva" (PDV, n. 17).

A partir daí podemos dizer que assumir a Pastoral do Cuidado Presbiteral é aceitar esse desafio de trabalharmos com espírito comunitário, fraterno, na caridade convivial e pastoral.

Hoje se fala muito da Pastoral do Cuidado no sentido ecológico. Porém, o cuidado é necessário num sentido bem amplo e, na Pastoral do Cuidado Presbiteral, esse vocábulo é muito pertinente. Cuidar uns dos outros pode ser uma expressão que define bem a pastoral presbiteral. Vai contra a corrente da modernidade líquida, que fomenta uma mentalidade extremamente individualista.

Junto com as mais diversas e importantes iniciativas que sedimentam a Pastoral do Cuidado Presbiteral na Igreja no Brasil, se não tiver, no meio dos presbíteros, aquela prática cotidiana do cuidado de um com o outro, somente as estruturas não garantirão a eficácia dessa pastoral.

Correndo até o risco de certo subjetivismo, pode-se afirmar que a Pastoral do Cuidado não passa apenas pela razão e pelos projetos, mas também pelo coração e pelo fígado. Coração como metáfora de nossos sentimentos e emoções; fígado simbolizando nosso humor, que deve ser sempre trabalhado para que a Pastoral do Cuidado não seja um peso, mas um caminho de satisfação e de alegria pela realização de todos os presbíteros no exercício do ministério.

Podemos, nessa perspectiva, enumerar algumas características da Pastoral do Cuidado Presbiteral que nos ajudam a dar-lhe corpo nas nossas Igrejas Particulares:

- Ser, junto dos padres, uma presença fraterna.

- Desenvolver no meio deles a prática do cuidado.

- Acompanhar os padres de maneira solidária, pessoal e comunitária.

- Cuidar de uma real formação permanente de forma integral e orgânica.

- Incentivar os padres na sua tarefa cotidiana e necessária de conhecer Jesus para viver e atuar como Ele.

- Fomentar a comunhão e fraternidade presbiteral.

- Incentivá-los a reassumir a cada dia os compromissos de amor ao povo, no espírito da caridade pastoral.

- Ser para os padres um apoio constante na vivência dos compromissos sacerdotais: despojados junto aos pobres, castos como sinais de contracultura evangélica em face da mentalidade neoliberal (que engendra o hedonismo, o consumismo e o exibicionismo, dentre outros contravalores) e aptos para a vivência da comunhão eclesial.[3]

- Reanimá-los no necessário amor à Igreja e no reconhecimento da importância da comunhão com seu bispo e Pedro, pois seu ministério é eclesial.

A pertinência da Pastoral do Cuidado Presbiteral

Tendo em conta a fala do Papa João Paulo II, constata-se cada vez mais que não se pode agir isoladamente. Os desafios são imensos e seria pretensão querer agir sozinho. Ninguém que assume o compromisso de exercer liderança junto ao povo pode se descuidar da atualização da própria formação.

---

[3] O *Documento de Aparecida* apresenta como desafios à vida presbiteral: a construção da identidade teológica do ministério presbiteral, a inserção na cultura atual, os aspectos vitais e afetivos, o celibato e a vida espiritual, o cultivo de relações fraternas com o bispo, com os demais presbíteros da diocese e com os leigos (cf. DAp, nn. 193-197).

Na sociedade do conhecimento e da informação, vivemos conectados com o mundo e corremos o risco da fragmentação, que deve ser enfrentado pela consciente vivência em rede. Por outro lado, constata-se o fenômeno de se viver conectado com o mundo e desligado da contextualização mais próxima. "A exigência de acertar o passo com o caminho da História é outra razão humana que justifica a formação permanente" (PDV, n. 70).

Como todo ser humano, somos pessoas em permanente construção: antes de sermos padres, devemos ser cristãos; antes de sermos cristãos, devemos ser gente. Diante do Cristo seremos sempre discípulos e aprendizes. Precisamos cuidar da pessoa do padre porque, ele estando bem, terá mais chances de cuidar melhor dos que lhe forem confiados. Como as crises ocorrem em qualquer momento da vida, a formação permanente deve acompanhar os presbíteros em todas as idades (cf. PDV, nn. 76-77).

Problema dos padres jovens?

Há, em muitos ambientes da Igreja, uma insatisfação traduzida em queixas contra o clero jovem. Para a Pastoral do Cuidado Presbiteral, é fundamental que nos preocupemos com o clero de todas as idades. Cada idade tem suas limitações. Nesse sentido, vamos tomar a enumeração das inquietações levantadas pelo Setor Vocações e Ministérios da CNBB (2002), lendo-as com seriedade e guiados por uma pergunta fundamental: serão essas sombras somente de uma faixa etária do clero? Acontecem com mais frequência numa determinada idade do clero?

Inquietações: isolamento e acomodação; dificuldade de articulação e de integração à Pastoral de Conjunto; estrutura rígida e clericalista das paróquias; clericalismo, ritualismo, autoritarismo, espiritualismo de muitos presbíteros; resistência à comunhão, desinteresse pela colegialidade; espírito de competição, busca de *status* e de privilégios; falta de solidariedade com os presbíteros que erram, bem como a ausência de tratamento adequado nessas ocasiões; imaturidade, narcisismo, prepotência; sérios bloqueios no relacionamento interpessoal; desequilíbrio afetivo-emocional; dependência química, sobretudo do álcool; problemas na própria identidade sexual; ausência de reflexão séria e corajosa de todos sobre afetividade e celibato; formação filosófica e teológica deficitárias; seminários limitados, problemas na seleção de candidatos; seminaristas egressos assumidos sem respeito a normas e orientações da Igreja; pouca atenção à formação permanente; fraca aproximação entre presbíteros diocesanos e religiosos; congregações que formam guetos dentro da Igreja local; presbíteros de movimentos que pouco se interessam pela pastoral diocesana; falta de critérios na mudança de párocos e de formadores, comprometendo a continuidade do processo; presbíteros que não têm estabilidade no trabalho – "voadores"; presbíteros envolvidos em negócios escusos; alguns enfeitiçados pela mídia; outros sem critérios nas suas alianças e parcerias; outros pouco missionários.

Cresce o interesse também pelos problemas que atingem os presbíteros de meia-idade. Muitos deles aprenderam a doar-se e a amar os outros, porém, por escrúpulos presentes em processos formativos, não aprenderam a amar a si mesmos e a cuidar da própria vida. Nesses casos, na meia-idade, tudo o que foi negado, reprimido ou deixado de lado nos caminhos da vida pode fazer emergir com todo o vigor, na consciência do presbítero, uma espécie de necessidade de viver agora o que não foi vivido a seu tempo. Pode ocorrer, na meia-idade, que o presbítero se descubra envolvido afetivamente como se estivesse com 18 anos. A crise afetiva dos de meia-idade se manifesta de múltiplas formas.[4]

Alguns pontos recorrentes nos presbíteros de meia-idade: a grande virada para dentro de si mesmo; uma nova percepção do corpo; uma nova percepção do tempo; a comparação com outras idades; o nascimento da morte; um novo sentido para a existência.

Portanto, a cada idade é preciso um cuidado diferenciado. E, como vivenciamos um aumento de expectativa de vida, o cuidado com os presbíteros idosos deverá crescer significativamente.

Iniciativas nas Igrejas do Brasil

- Encontros e palestras sobre as dimensões constitutivas do ser padre, do ser cristão e do ser pessoa humana.

- Retiros e encontros com o bispo por faixa etária e/ou por tempo de exercício do ministério.

- Construção de casas sacerdotais, com pessoas responsáveis por uma programação bem eclética.

- Casas destinadas ao clero mais idoso.

- Incentivo a cursos de aprofundamento intelectual: mestrados, doutorados.

- Designação de padres bem aceitos no presbitério para o cuidado pessoal.

---

[4] LOSADA, Manoel. Revista *Convergência*.

- Passeios em comum.

- Vivência de momentos gratuitos de convivência dos padres.

- Visitas constantes de presbíteros aos seus irmãos padres doentes e idosos.

- Celebração das datas comemorativas de cada presbítero (aniversário natalício e de ordenação).

- Criação de associações sacerdotais.

- Celebração solene da instituição da Eucaristia e do sacerdócio com a presença de todo o clero.

- Prática constante do Ano Sabático.

- Participação em eventos extraeclesiais que colaboram com a formação permanente.

- Criação de grupos de padres a exemplo dos grupos de fraternidade sacerdotal (Charles de Foucauld, Pe. Chevrièr e outros).

Sugestão de roteiro para a vivência de uma fraternidade presbiteral

1. Formar equipes de vida com os companheiros de presbitério.

2. Determinar um dia no mês para a partilha de vida e oração em comum.

3. Permanecer uma hora por dia em silêncio e adoração diante do Santíssimo.

4. Determinar um dia por mês para ficar a sós com o Senhor.

5. Fomentar o desejo e criar ocasiões para a vida em fraternidade presbiteral.

Responsáveis pela Pastoral do Cuidado Presbiteral

- Bispo diocesano.
- Conselho presbiteral.
- Padres com o dom da Pastoral do Cuidado.
- Os próprios presbíteros.
- Cristãos leigos e leigas bem experientes e em variados campos de atuação.

Sugestões para perceber a necessidade da Pastoral do Cuidado[5]

1. Presbítero, você sabe que há falta de cuidado pastoral em sua vida quando...

- Você sente que acode bem aos outros em seus problemas, mas o "seu problema" parece não ter solução, seja problema de saúde, crise espiritual ou problema de relacionamento.
- Você passa cada vez menos tempo com as pessoas no campo concreto da pastoral e nem percebe que está se isolando.
- Você mergulhou no trabalho com tudo, e acha que é só por isso que não tem tempo para cuidar de si mesmo.
- Você se vê como "abandonado no campo".

---

[5] Cf. Reflexão de Marta Carriker. Disponível em: <*www.ejesus.com.br/exibe. asp?id = 1573* >. *Acesso em: 3/3/2011.*

2. Igreja, você sabe que seu presbítero está sem cuidado pastoral quando...

- Você não sabe como vivem e se sustentam seus presbíteros.

- O presbítero só é lembrado no momento de distribuir tarefas.

- Ele parou de participar dos encontros, das reuniões, das assembleias.

- Ele esteve doente e poucos foram visitá-lo.

3. A equipe da Pastoral do Cuidado Presbiteral sabe que está deficiente quando...

- Seu relacionamento com o presbítero é administrativo, acha que sua vida pessoal (emocional ou espiritual) é responsabilidade dele.

- Nunca visita o presbítero, nem tem essa prática como normal.

- Recebe respostas de pesquisas, mas muito raramente gasta tempo em oração por ele.

- Cobra a presença do presbítero nas suas iniciativas e se ele não atende não vai atrás para uma visita amiga.

- Se o presbítero apresenta algum problema, o isola.

O cuidado pastoral de presbíteros não é tarefa fácil, assim como não é fácil pastorear uma igreja. A comunicação precisa ser boa. Quais são as necessidades? É possível ou recomendável visitar o presbítero? Há confiança mútua?

Como já se disse, o presbítero é a mola propulsora da pastoral e, por isso, devemos cuidar bem dele. Ilustrando isso, o presbítero é parte do nosso corpo, Corpo de Cristo, e quem abriria mão de qualquer órgão do próprio corpo (cf. 1Cor 12,14)?

A Segunda Carta a Timóteo é muito inspiradora para uma Pastoral do Cuidado. Paulo cuidava pastoralmente de Timóteo, com muito amor. Aquele se lembrava deste nas orações (1,3); queria vê-lo (1,4) e o admoestava a permanecer firme na fé (1,6-7.13-14). Ou como o apóstolo cuidava de Tito: "Não tive sossego, porque aí não encontrei meu irmão Tito" (2Cor 2,12-13).

Essa é proposta para que haja cuidado pastoral de presbíteros: precisamos ter um amor que cuida, que se desassossega pelos outros. O presbítero não deve ser visto como "um profissional realizando uma tarefa necessária", mas sim como "um irmão querido, enviado para participar naquilo que Deus espera que façamos juntos aqui na Terra". E que Deus nos ajude e nos aperfeiçoe em seu amor, para que entendamos como fazer isso melhor.

Últimas palavras

Como afirma a *Pastores Dabo Vobis*, "alma e forma da formação permanente do sacerdote é a caridade pastoral" (PDV, n. 70; cf. DAp, n. 198). Nessa bela inspiração dos documentos do Magistério, a Pastoral do Cuidado Presbiteral vai ganhando campo na Igreja do Brasil. Oxalá ela seja, cada vez mais, marcada por dois elementos fundamentais: cuidado e gratuidade. O cuidado da parte da Igreja e de cada um; a gratuidade do encontro, sem agenda e sem marcação de um próximo encontro. Ele se repetirá se souber ser gratuito e agradável.

Texto e comentário

Decreto
Presbyterorum Ordinis
sobre o ministério
e a vida dos sacerdotes

Proêmio

Intenção do Concílio

1. Este sagrado Concílio já por várias vezes chamou a atenção de todos para a excelência da Ordem do presbiterado na Igreja.[1] Todavia, em virtude desta Ordem ter

---

[1] Conc. Vat. II, Const. De Sacra Liturgia, *Sacrosanctum Concilium*, 4 dez. 1963: AAS 56 (1946), p. 97s; Const. dogm. De Ecclesia, *Lumen gentium*:

---

1. Este proêmio elenca os temas que serão tratados ao longo do Decreto sobre os presbíteros, destacando sua importância para o conjunto da Igreja, aqui entendida como Povo de Deus, Corpo de Cristo e Templo do Espírito Santo. Essas três definições eclesiológicas estão em profunda consonância com a Constituição Dogmática *Lumen Gentium*, do mesmo Concílio. Povo de Deus como conceito teológico, que resgata as dimensões veterotestamentárias da Igreja, como povo que caminha e vai se constituindo

uma parte sumamente importante e cada vez mais difícil na renovação da Igreja de Cristo, pareceu muito útil tratar dos sacerdotes com mais amplitude e profundeza. As coisas que se dizem neste Decreto aplicam-se a todos os sacerdotes, sobretudo àqueles que têm cura de almas, com a conveniente adaptação quando se trata dos presbíteros religiosos. Com efeito, os presbíteros, em virtude da sagrada ordenação e da missão que recebem das mãos dos bispos, são promovidos ao serviço de Cristo mestre,

---

AAS 57 (1965), p. 5s; Decr. De pastorali Episcoporum munere in Ecelesia, *Christus Dominus*; Decr. De institutione sacerdotali, *Optatam totius*.

---

no dinamismo da história naquele mesmo povo que atinge sua maturidade no tempo da Nova Aliança, realizada na pessoa de Jesus Cristo. Aqui esse mesmo povo se configura no Corpo de Cristo, na perspectiva paulina e na sua dimensão pneumatológica, superando toda tentativa do reducionismo cristomonista. A conjugação dessas três dimensões eclesiológicas (Povo de Deus, Corpo de Cristo e Templo do Espírito Santo) nos ajudam a evitar, de uma só vez, o "patrocentrismo", que dá origem a muitas formas de autoritarismo, o "cristocentrismo", que pode redundar num sacramentalismo exacerbado e o "pneumatocentrismo", que pode levar ao exercício do ministério de forma desencarnada. Essas três dimensões eclesiológicas seguem com fidelidade o espírito do Concílio, que é profundamente trinitário (cf. LG, n. 4), que ressalta a radical forma comunitária do exercício do ministério presbiteral (cf. PDV, nn. 12, 17).

É nessa Igreja que o Decreto situa os presbíteros em geral, sobretudo aqueles que estão diretamente envolvidos com o trabalho pastoral/evangelizador, com as devidas adaptações às circunstâncias daqueles que são conhecidos como presbíteros religiosos ou de institutos.

sacerdote e rei, de cujo ministério participam, mediante o qual a Igreja continuamente é edificada em Povo de Deus, corpo de Cristo e templo do Espírito Santo. Por isso, para que no meio das situações pastorais e humanas, tantas vezes profundamente mudadas, o seu ministério se mantenha com mais eficácia e se proveja melhor à sua vida, este sagrado Concílio declara e estabelece o seguinte.

Os três múnus do Cristo são aqui também lembrados, pois o Decreto, em profunda consonância com a Constituição Dogmática sobre a Igreja – *Lumen Gentium* – ressalta que os presbíteros são chamados ao serviço de Cristo – mestre, sacerdote e rei – para, como Ele, atuarem como aqueles que participam do ensino, do culto litúrgico e do governo da Igreja, na condição de cooperadores da Ordem Episcopal. Por isso, tudo o que fazem deriva da ordenação e da missão que recebem das mãos dos bispos. Esse serviço de Cristo só pode ser entendido em relação ao serviço do povo, na edificação do Reino, pois é assim que o Concílio explicita o seguimento de Cristo, profundamente inserido na vida e na história do Povo de Deus devidamente situado e identificado como tal.

A exemplo de uma sinfonia, esse proêmio apresenta, sinteticamente, os temas a serem desdobrados ao longo do Decreto *Presbyterorum Ordinis*.

Capítulo I
O presbiterado na missão da Igreja

Natureza do presbiterado

2. O Senhor Jesus, "a quem o Pai santificou e enviou ao mundo" (Jo 10,36), tornou participante todo o seu Corpo místico da unção do Espírito com que Ele mesmo tinha sido ungido:[1] n'Ele, com efeito, todos os fiéis se tornam sacerdócio santo e real, oferecem vítimas a Deus por meio de Jesus Cristo, e anunciam as virtudes d'Aquele que os

---

[1] Cf. Mt 3,16; Lc 4,18; At 10,38.

Capítulo I. Nesse primeiro capítulo, o Decreto trata do presbiterado na missão da Igreja, ou seja, da natureza do presbiterado, com suas ações dentro da Igreja e no mundo. Como cooperadores da Ordem Episcopal, os presbíteros participam, a seu modo, da única missão confiada aos bispos de ensinar, santificar e governar. Configurados a Cristo, agem na pessoa dele, como ouvintes e pregadores da Palavra, alimentando-se da Eucaristia, fonte e cume de toda a sua missão, e como pastores do povo a eles confiados pelo próprio Cristo, profundamente sensíveis aos sinais dos tempos, sobretudo, à situação dos últimos deste mundo.

2. Devido à determinação conciliar de dar novo impulso evangelizador a toda a Igreja, a dimensão eclesiológica tornou-se uma chave de leitura fundamental para entender a natureza do

chamou das trevas para a sua luz admirável.[2] Não há, portanto, nenhum membro que não tenha parte na missão de todo o corpo, mas cada um deve santificar Jesus no seu coração,[3] e dar testemunho de Jesus com espírito de profecia.[4]

O mesmo Senhor, porém, para que formassem um corpo, no qual "nem todos os membros têm a mesma função" (Rm 12,4), constituiu, dentre os fiéis, alguns como ministros que, na sociedade dos crentes, possuíssem o sagrado poder da Ordem para oferecer o Sacrifício, perdoar os pecados[5] e exercer oficialmente o ofício sacerdotal em nome de Cristo a favor dos homens. E assim, enviando os

---

[2] Cf. 1Pd 2,5.9.

[3] Cf. 1Pd 3,15.

[4] Cf. Ap 19,10; Conc. Vat. II, Const. dogm. De Ecclesia, *Lumen gentium*; n. 35: AAS 57 (1965), p. 40-41.

[5] Conc. Trid., sess. XXIII, cap. 1 e can. 1: Denz. 957 e 961 (1764 e 1771).

---

presbiterado. O Concílio desenvolve uma eclesiologia total, onde todos os fiéis, por força do seu Batismo, cada qual a seu modo, participam de um sacerdócio comum, santo e régio. Afirma que "não existe assim membro que não tenha parte na missão de todo o Corpo". Deste patamar comum, procura ver o específico do presbiterado, e destaca sua missão de ministro da unidade do corpo, no qual todos os membros desempenham atividades diversificadas. Neste contexto de profunda inserção na comunidade, os presbíteros presidem a Eucaristia e assumem o ministério do perdão, como ofícios específicos decorrentes do sacramento da Ordem.

A missão presbiteral advém da consagração e missão recebidas de Cristo pelos sucessores dos apóstolos – os bispos – dos quais os presbíteros se tornam cooperadores. Na ótica conciliar, o

Apóstolos assim como Ele tinha sido enviado pelo Pai,[6] Cristo, através dos mesmos Apóstolos, tornou participantes da sua consagração e missão os sucessores deles, os bispos,[7] cujo cargo ministerial, em grau subordinado, foi confiado aos presbíteros,[8] para que, constituídos na Ordem do presbiterado, fossem cooperadores[9] da Ordem do episcopado para o desempenho perfeito da missão apostólica confiada por Cristo.

---

[6] Cf. Jo 20,21; Conc. Vat. II, Const. dogm. De Ecclesia, *Lumen gentium*, n. 18: AAS 57 (1965), p. 21-22.

[7] Cf. Conc. Vat. II, Const. dogm. De Ecclesia, *Lumen gentium*, n. 28: AAS 57 (1965), p. 33-36.

[8] Cf. ibid.

[9] Cf. Pont. Rom., "Ordenação dos Presbíteros", Prefácio. Estas palavras encontram-se já no *Sacramentariam Veronense* (ed. L. C. Möhlberg, Roma, 1956, p. 122); no *Missale Francorum* (ed. C. MShlberg, Roma, 1957, p. 9); no *Liber sacramentorum Romanae Ecclesiae* (ed. L. C. Möhlberg, Roma, 1960, p. 25); no *Pontificale Romanum-germanicum* (ed. Vogel-Elze, Cidade do Vaticano, 1963, vol. I, p. 34).

---

ministério fundamental é o do bispo, o qual possui a plenitude do sacramento da Ordem (cf. LG, nn. 21 e 24). Os presbíteros, embora não tenham a plenitude do sacerdócio, são considerados pelo Concílio de modo análogo aos bispos, aos quais estão unidos na dignidade sacerdotal (LG, n. 28). A unção do Espírito Santo, recebida por meio do sacramento da Ordem, confere aos presbíteros um caráter especial, que os configura a Cristo e os torna aptos a exercerem seu ministério na pessoa de Cristo, "consagrados para pregar o Evangelho, apascentar os fiéis e celebrar o culto divino, de maneira que são verdadeiros sacerdotes do Novo Testamento" (LG, n. 28).

Os presbíteros são entendidos também como homens da Palavra, por meio da qual devem congregar todos os membros do único Corpo e vivenciar o sacerdócio existencial que os torna

O ministério dos sacerdotes, enquanto unido à Ordem episcopal, participa da autoridade com que o próprio Cristo edifica, santifica e governa o seu corpo. Por isso, o sacerdócio dos presbíteros, supondo, é certo, os sacramentos da iniciação cristã, é, todavia, conferido mediante um sacramento especial, em virtude do qual os presbíteros ficam assinalados com um caráter particular e, dessa maneira, configurados a Cristo sacerdote, de tal modo que possam agir em nome de Cristo cabeça.[10]

Participando, a seu modo, do múnus dos apóstolos, os presbíteros recebem de Deus a graça de serem ministros de Jesus Cristo no meio dos povos, desempenhando o sagrado ministério do Evangelho, para que seja aceita a oblação dos mesmos povos, santificada no Espírito Santo.[11] Com efeito, o Povo de Deus é convocado e reunido pela virtude da mensagem apostólica, de tal modo que todos quantos pertencem a este Povo, uma vez santificados no Espírito Santo, se ofereçam como "hóstia viva, santa e agradável a Deus" (Rm 12,1). Mas é pelo ministério dos presbíteros que o sacrifício espiritual dos fiéis se consuma em união com o sacrifício de Cristo, mediador único, que é oferecido na Eucaristia de modo incruento e sacramental pelas mãos deles, em nome de toda a Igreja, até quando o

---

[10] Cf. Conc. Vat. II, Const. dogm. De Ecclesia, *Lumen gentium*, n. 10: AAS 57 (1965), p. 14-15.

[11] Cf. Rm 15,16 gr.

---

hóstias vivas oferecidas em sacrifício a favor de todo o Povo de Deus. Os presbíteros são, pois, homens do Evangelho e da Eucaristia, de onde recebem a força para a missão de congregar o povo, fazendo dele um sacrifício agradável ao Pai.

mesmo Senhor vier.[12] Para isto tende e nisto se consuma o ministério dos presbíteros. Com efeito, o seu ministério, que começa pela pregação evangélica, tira do sacrifício de Cristo a sua força e a sua virtude, e tende a fazer com que "toda a cidade redimida, isto é, a congregação e a sociedade dos santos, seja oferecida a Deus como sacrifício universal pelo grande sacerdote, que também se ofereceu a si mesmo por nós na Paixão para que fôssemos o corpo de tão nobre cabeça".[13]

Por isso, o fim que os presbíteros pretendem atingir com o seu ministério e com a sua vida é a glória de Deus Pai em Cristo. Esta glória consiste em que os homens aceitem consciente, livre e gratamente a obra de Deus perfeitamente realizada em Cristo, e a manifestem em toda a sua vida. Os presbíteros, portanto, quer se entreguem à oração e à adoração quer preguem a palavra de Deus, quer ofereçam o sacrifício eucarístico e administrem os demais sacramentos, quer exerçam outros ministérios a favor dos homens, concorrem não só para aumentar a glória de Deus mas também para promover a vida divina nos homens. Tudo isto, enquanto dimana da Páscoa de Cristo, será consumado no advento glorioso do mesmo Senhor, quando Ele entregar o reino nas mãos do Pai.[14]

O ministério dos presbíteros no mundo

3. Os presbíteros, tirados dentre os homens e constituídos a favor dos homens nas coisas que se referem a Deus,

---

[12] Cf. 1Cor 11,26.

[13] S. Agostinho, *De civitate Dei*, 10, 6: PL 41, 284.

[14] Cf. 1Cor 15,24.

para oferecerem dons e sacrifícios pelos pecados,[15] convivem fraternalmente com os restantes homens. Assim, também, o Senhor Jesus, Filho de Deus, enviado pelo Pai como homem para o meio dos homens, habitou entre nós e quis assemelhar-se em tudo aos seus irmãos, menos no pecado.[16] Já os Apóstolos o imitaram, e São Paulo doutor das gentes, "escolhido para anunciar o Evangelho de Deus" (Rm 1,1), atesta que se fez tudo para todos, para salvar a todos.[17] Os presbíteros do Novo Testamento, em virtude da vocação e ordenação, de algum modo são segregados dentro do Povo de Deus,

---

[15] Cf. Hb 5,1.

[16] Cf. Hb 2,17; 4,15.

[17] Cf. 1Cor 9,19-23 Vg.

---

3. Antes de serem presbíteros, eles devem ser cristãos, e antes de serem cristãos, precisam ser homens cultivadores da fraternidade universal, calcada na justiça e na caridade. A exemplo da encarnação de Jesus, os presbíteros devem viver encarnados na vida do povo ao qual foram consagrados para servir. A profunda articulação entre fé e vida é condição sem a qual os presbíteros não podem ser sinais e testemunhas do Reino. Por isso, tudo o que diz respeito ao Povo de Deus lhes interessa e lhes provoca a buscar uma compreensão profunda, para que possam deixar claro que não são alheios à existência e condições de vida de todos, sobretudo dos pobres. Não podem, por outro lado, ser ministros conformados aos contravalores que a sociedade apresenta. Exercem o ministério como profetas, denunciando o que contraria o Reino e anunciando a sociedade nova e justa, na qual os cristãos deverão viver a fraternidade universal. Na vivência dos verdadeiros valores humanos, os presbíteros serão instrumentos de Deus, rumo à utopia do rebanho único do único Pastor: Jesus Cristo. Para isso, a inserção na vida concreta do Povo de Deus,

não para serem separados dele ou de qualquer homem, mas para se consagrarem totalmente à obra para a qual Deus os chama.[18] Não poderiam ser ministros de Cristo se não fossem testemunhas e dispensadores duma vida diferente da terrena, e nem poderiam servir os homens se permanecessem alheios à sua vida e às suas situações.[19] O seu próprio mi-

---

[18] Cf. At 13,2.

[19] Este esforço de perfeição religiosa e moral é estimulado cada vez mais até pelas condições externas em que a Igreja age; com efeito, ela não pode ficar imóvel e desinteressada perante as vicissitudes das coisas humanas, que a rodeiam, e de múltiplas maneiras influenciam, modificam e condicionam o seu modo de agir. É bem sabido que a Igreja não está separada do convívio humano, antes se encontra situada nele, e, por isso, os seus filhos são movidos e guiados pelo convívio humano, respiram a sua cultura, obedecem às suas leis, observam os seus costumes. Este contacto, porém, da Igreja com a sociedade humana dá continuamente origem a questões difíceis, que hoje são muitíssimo graves [...]. O Apóstolo das gentes exorta assim os cristãos do seu tempo: não vos sujeiteis ao mesmo jugo com os infiéis. Como podem participar a justiça e a iniquidade? Que sociedade pode haver entre a luz e as trevas?... ou que parte existe entre o fiel e o infiel? (2Cor 6,14-15). Por

---

um mergulho existencial nas condições de vida deste povo, é um imperativo intrínseco à missão de todos os presbíteros.

São os presbíteros também homens da instituição e esta vive numa sociedade concreta no tempo e espaço. Por isso, agem individualmente, mas também institucionalmente. De uma ou de outra forma, não podem viver como se as realidades políticas, sociais, econômicas e culturais fossem dimensões alheias ao seu ministério e vida. Tendo claro que por serem filhos do seu tempo e como membros de uma instituição historicamente localizada, sofrem as vicissitudes da época, os presbíteros, sem indiferença, temor ou desprezo, saberão que é impossível a paz sem justiça, a justiça sem caridade, a caridade sem ética, a vivência e o testemunho do Evangelho sem conflito. Em profundo respeito à justa autonomia das realidades terrestres, como tão bem destaca a Constituição Pastoral *Gaudium et Spes*, serão homens de diálogo e não de imposição de pontos de vista ou de doutrina (GS, n. 36). O diálogo com todos e

nistério exige, por um título especial, que não se conformem a este mundo;[20] mas exige também que vivam neste mundo entre os homens e, como bons pastores, conheçam as suas ovelhas e procurem trazer aquelas que não pertencem a este redil, para que também elas ouçam a voz de Cristo e haja um só rebanho e um só pastor.[21] Para o conseguirem, muito importam as virtudes que justamente se apreciam no convívio humano, como são a bondade, a sinceridade, a fortaleza de alma e a constância, o cuidado assíduo da justiça, a delicadeza, e outras que o Apóstolo Paulo recomenda quando diz: "Tudo quanto é verdadeiro, tudo quanto é puro, tudo quanto é justo, tudo quanto é santo, tudo quanto é amável, tudo quanto é de bom nome, toda a virtude, todo o louvor da disciplina, tudo isso pensai" (Fl 4,8).[22]

---

isso, é necessário que aqueles que hoje são na Igreja educadores e mestres advirtam a juventude católica da sua importantíssima condição e do dever que daí se segue de viver neste mundo mas não segundo o sentir deste mundo, de harmonia com a oração feita por Cristo a favor dos seus discípulos: Não peço que os tires do mundo, assim como eu não sou do mundo (Jo 17,15-16). A Igreja faz sua esta oração. Todavia, esta distinção não significa o mesmo que separação; nem revela negligência, medo ou desprezo. Com efeito, quando a Igreja se distingue do gênero humano, não se lhe opõe, antes se une com ele" (Paulo VI, Carta enc. *Ecclesiam suam*, 6 ago. 1964: AAS 56 (1964), p. 627 e 638).

[20] Cf. Rm 12,2.

[21] Cf. Jo 10,14-16.

[22] Cf. São Policarpo, *Epíst. aos Filipenses*, VI, 1: "E os presbíteros sejam inclinados à compaixão, misericordiosos para com todos, reconduzindo os extraviados, visitando todos os doentes, não esquecendo as viúvas, os órfãos e os pobres; mas solícitos sempre do bem junto de Deus e dos homens, abstendo-se de toda a ira, acepção de pessoas, juízos injustos, afastando para longe toda a avareza, não acreditando facilmente contra alguém, não demasiados severos nos juízos, conscientes de que todos somos devedores do pecado" (ed. F. X. Funk, *Patres Apostolici*, I, p. 273).

---

o imprescindível anúncio constituir-se-ão no binômio fundamental do exercício do ministério presbiteral (GS, n. 92).

Capítulo II
O ministério dos presbíteros

I. Funções dos presbíteros

Os presbíteros, ministros da palavra de Deus

4. O Povo de Deus é reunido antes de mais pela palavra de Deus vivo,[1] que é justíssimo esperar receber da boca dos sacerdotes.[2] Com efeito, como ninguém se pode salvar se antes não tiver acreditado,[3] os presbíteros, como

---

[1] Cf. 1Pd 1,23; At 6,7; 12,24. Santo Agostinho, In Ps., 44, 23: PL 36, 508: "Pregaram (os Apóstolos) a palavra de verdade e geraram as Igrejas".

[2] Cf. Ml 2,7; 1Tm 4,11-13; 2Tm 4,5; Tt 1,9.

[3] Cf. Mc 16,16.

Capítulo II. Esse capítulo está organizado em três seções, sendo que na primeira o Decreto adota o esquema dos três múnus do Cristo – profeta, sacerdote e pastor – conferidos a toda a Igreja, mas os relaciona de maneira específica ao ministério presbiteral. A Constituição Dogmática *Lumen Gentium*, desenvolvendo uma eclesiologia total, confere a todo o Povo de Deus, cada qual na sua especificidade, esses três múnus, oriundos do sacramento do Batismo, conferindo uma igualdade fundamental de todo o Povo de Deus. Essa igualdade é explicitada na renovação do Código de Direito Canônico, quando afirma: "Entre todos os fiéis, pela sua regeneração em Cristo, vigora, no que se refere à dignidade e

cooperadores dos bispos, têm, como primeiro dever, anunciar a todos o Evangelho de Deus,[4] para que, realizando o mandato do Senhor: "Ide por todo o mundo, pregai o Evangelho a todas as, criaturas" (Mc 16,15),[5] constituam

---

[4] Cf. 2Cor 11,7. Acerca dos presbíteros, como cooperadores dos bispos, valem também aquelas coisas que se dizem dos bispos. Cf. *Statuta Ecclesiae antiqua*, c. 3 (ed. Ch. Munier, Paris, 1960, p. 79); *Decretum Gratiani*, C. 6, D. 88 (ed. Friedberg, I, 307); Conc. Trid., ses. V, Decr. (*Conc. Oec. Decreta*, ed. Herder Romae, 1962, p. 645); 2, n. 9 ses. XXIV, *Decr. de reform.*, c. 4 (p. 739); Conc. Vat. II, Const. dogm. De Ecelesia, *Lumen gentium*, n. 25: AAS 57 (1965), p. 29-31.

[5] Cf. *Constitutiones Apostolorum*, II, 26, 7: "(os presbíteros) sejam mestres da ciência divina, pois foi o Senhor quem os enviou dizendo: Ide, ensinai etc." (ed. F. X. Funk, *Didascalia et Constitutiones Apostolorum*, I, Paderborn, 1905, p. 105). — *Sacramentarium Leonianum* e os restantes sacramentários até ao *Pontificale Romanum*, Prefácio na ordenação de Presbíteros: "Com esta providência, Senhor, deste como companheiros aos Apóstolos de teu Filho os doutores da fé, com os quais eles encheram todo o mundo de novos pregadores (ou pregações)". — *Líber Ordinum Liturgiae Mozarabicae*, Prefácio na ordenação de Presbíteros: "Doutor dos povos e reitor dos súbditos, mantenha em ordem a fé católica, e anuncie a todos a verdadeira salvação" (ed. M. Pérotin: *Le Líber Ordinum en usage dans l'Eglise Wisigothique et*

---

atividade, uma verdadeira igualdade, pela qual todos, segundo a condição e os múnus próprios de cada um, cooperam na construção do Corpo de Cristo" (CDC, cân. 208).

4. *O múnus de ensinar: a força criadora e profética da palavra*. Ao antepor essa reflexão sobre a evangelização ao serviço sacramental, o Concílio dá um golpe fatal à perspectiva sacramentalista e afirma: "A primeira tarefa dos Presbíteros é anunciar o Evangelho de Deus a todos". Antes de tudo, portanto, na aplicação dos três múnus aos presbíteros, o Concílio destaca que eles são homens da Palavra. Foi pela força da Palavra que as comunidades se espalharam por todo o orbe. O apóstolo Paulo não titubeia ao elencar a importância da Palavra na configuração ministerial das primeiras comunidades. Os ministérios mais importantes na eclesiologia paulina estão todos voltados para o cuidado com a

e aumentem o Povo de Deus. Com efeito, é pela palavra da salvação que a fé é suscitada no coração dos infiéis e alimentada no coração dos fiéis; e é mercê da fé que tem início e se desenvolve a assembleia dos crentes, segundo aquele dito do Apóstolo: "a fé vem pelo ouvido, o ouvido, porém, pela palavra de Cristo" (Rm 10,17). Por isso, os presbíteros são devedores de todos, para comunicarem a todos a verdade do Evangelho,[6] de que gozam no Senhor. Portanto, quer quando, por uma convivência edificante entre os povos, os levam a glorificar a Deus,[7] quer quando, pregando abertamente, anunciam o mistério de Cristo aos que creem, quer quando ensinam o catecismo cristão ou explanam a doutrina da Igreja, quer quando procuram

---

Mozarabe d'Espagne: Monumenta Ecclesiae Liturgicae, vol. V. Paris, 1904, col. 55 lin. 4-6).

[6] Cf. Gl 2,5.

[7] Cf. 1Pd 2,12.

Palavra: "Deus estabeleceu na Igreja, em primeiro lugar, apóstolos; em segundo lugar, profetas; em terceiro lugar, doutores" (1Cor 12,28). Por isso, pode-se afirmar que, "para Jesus, os apóstolos e seus seguidores, a pregação e a doutrina estão em primeiro plano; ambos têm para eles a primazia em relação a todas as outras tarefas" (KASPER, Walter. *Servidores da alegria*. São Paulo: Loyola, 2008. p. 81).

O Decreto Conciliar, nesse sentido, é claro e coloca como tarefa precípua dos presbíteros o anúncio da Palavra a todos, visando à constituição do Povo de Deus, de maneira cada vez mais ampla. Os presbíteros, cumprindo, portanto, o mandato de Nosso Senhor de anunciar o Evangelho a todos os povos, farão surgir novas comunidades, pois é pela força da Palavra que as comunidades de fiéis se multiplicam. Tal força geradora da Palavra

estudar à luz de Cristo as questões do seu tempo, sempre é próprio deles ensinar não a própria sabedoria mas a palavra de Deus e convidar instantemente a todos à conversão e à santidade.[8] A pregação sacerdotal, não raro dificílima nas circunstâncias hodiernas do mundo, se deseja mover mais convenientemente as almas dos ouvintes, não deve limitar-se a expor de modo geral e abstrato a palavra de Deus mas sim aplicar às circunstâncias concretas da vida a verdade perene do Evangelho.

Assim se exerce de muitos modos o ministério da palavra segundo as diversas necessidades dos ouvintes e os carismas dos pregadores. Nas regiões ou agrupamentos não cristãos, os homens são conduzidos à fé e aos sacramentos

---

[8] Cf. Rito da ordenação de Presbítero na Igreja Alexandrina dos Jacobitas: "... Reúne o teu povo para a palavra de doutrina, como a mãe que alimenta os seus filhinhos" (H. Denzinger, *Ritus orientalium*, Tom. II, Würzburg, 1863, p. 14).

---

encontra na missão dos presbíteros o seu campo fértil. O Decreto recorre à dimensão missionária do ministério presbiteral, urgindo os presbíteros ao dever de passar para frente a Boa-Nova que eles tiveram a oportunidade de conhecer de perto. Missão esta vivida primeiro por meio do testemunho, deve se desdobrar no anúncio explícito do querigma, na sistematização catequética, no repasse da doutrina, tudo submetido a uma profunda análise de conjuntura para que a Palavra encontre o chão adequado para dar fruto e faça brilhar sua eficácia redentora.

Outro tema profundamente atual é também considerado pelo Decreto: a pregação. Alerta que não deverá ser caracterizada por palavras genéricas e abstratas, mas profundamente adequada a circunstâncias concretas da vida. A preparação das homilias se constitui, cada vez mais, num ponto crucial do ministério da salvação mediante a mensagem evangélica;[9] na comunidade dos cristãos, porém, sobretudo entre aqueles que parecem entender e acreditar pouco o que frequentam, é

---

[9] Cf. Mt 28,19; Mc 16,16; Tertuliano, *De baptismo*, 14,2 (Corpus Christianorum, series latina I, p. 289, 11-13); Santo Atanásio, *Adv. Arianos*, 2, 42: PG 26,237; São Jerônimo, *In Mt.*, 28,19: PL 26, 218 BC: "Primeiro ensinam todas as gentes, depois baptizam os que já estão ensinados. Não pode o corpo receber o sacramento do Baptismo se a alma não tiver recebido antes a verdade da fé"; Santo Tomás, *Expositio primae Decretalis*, § 1:. "o nosso Salvador, enviando os discipulos a pregar, mandou-lhes três coisas: primeiro, que ensinassem a fé; segundo, que ministrassem os sacramentos aos crentes" (ed. Marietti, *Opuscula Theologica*, Taurini-Romae, 1954, 1138).

presbiteral. Em primeiro lugar, o presbítero deve se tornar um ouvinte da Palavra, pois deve pregar o que foi assumido como comunicação de Deus para ele acerca do povo com o qual trabalha. Depois, é preciso levar em conta que a grande maioria dos fiéis só mantém contato com a Palavra no momento celebrativo dominical. Portanto, a homilia se torna momento único de evangelização, de anúncio da Boa-Nova, de ocasião de conversões e adesão ao projeto de Deus. Toda boa homilia, além disso, deve culminar numa oração, deve levar os seus ouvintes a orar a Deus, colocando sua vida nas mãos d'Ele, submetendo seus próprios projetos à vontade daquele que deve ser o caminho, a verdade e a vida de todos os cristãos. Primeiramente, na arte de pregar, deve ficar claro que o presbítero escutou humildemente a Palavra do Senhor. Depois, é preciso consciência de que não se é pregador isolado. "Algo se perde se o sacerdote se esquece de que é um dentre um grupo de pregadores, ligado ao bispo, aos presbíteros e diáconos de sua Igreja local e compartilha sua missão comum de ser os guardiões da palavra" (COZZENS, Donald. *A face mutante do sacerdócio*. São Paulo: Loyola, 2001. p. 115). Prática bastante salutar é a dos presbíteros que se unem para refletir as leituras designadas para a celebração litúrgica dominical. Sem sombra de

necessária a pregação da palavra para o próprio ministério dos sacramentos, enquanto são sacramentos da fé que nasce da palavra e da palavra se alimenta;[10] o que

---

[10] Cf. Cone. Vat. II, Const. De Sacra Liturgia, *Sacrosanctum Concilium*, n. 35, 2: AAS 56 (1964), p. 109.

dúvidas, o conteúdo das homilias ganha em profundidade. Por fim, o grande teste sobre o valor da pregação é sua capacidade de levar a assembleia à oração. "Pregue para rezar. Pregue para inspirar outros a rezarem. O teste de um verdadeiro sermão é que ele pode ser convertido em oração" (HESCHEL, Abraham Joshua. Citado por COZZENS, op. cit., p. 116).

Em todas as dimensões do ministério presbiteral emerge o necessário cuidado para com a Palavra. Em relação ao anúncio querigmático, o Papa Paulo VI, de maneira vibrante e decisiva na Exortação Pós-Sinodal *Evangelii Nuntiandi*, alerta que ele deve ser completo, evitando o anúncio somente de parte do mistério do Cristo. "Nenhuma definição parcial e fragmentária, porém, chegará a dar a razão da realidade rica, complexa e dinâmica que é a evangelização, a não ser com o risco de a empobrecer e até mesmo de a mutilar" (EN, n. 17). O anúncio do Cristo total exige que sua vida, paixão, morte e ressurreição sejam explicitadas em conjunto, fazendo emergir uma cristologia que articula perfeitamente o Jesus histórico com o Cristo da Fé. Qualquer anúncio querigmático que oculte uma das partes do mistério compromete a eficácia da mensagem evangelizadora. "Não haverá nunca evangelização verdadeira se o nome, a doutrina, a vida, as promessas, o reino, o mistério de Jesus de Nazaré, Filho de Deus, não forem anunciados" (EN, n. 22). Portanto, o presbítero, no exercício do seu ministério, deve cuidar para que se evite o anúncio de um Cristo desencarnado da história do povo, bem como não reduzir o mistério a apenas sua dimensão imanente. Na missão evangelizadora,

vale sobretudo para a liturgia da palavra na celebração da missa, na qual se unem intimamente a anunciação da morte e da ressurreição do Senhor, a resposta do povo ouvinte e a própria oblação com que Cristo confirmou a nova aliança no seu sangue; nessa oblação comungam os fiéis não só com o desejo mas também com a recepção do sacramento.[11]

Os presbíteros, ministros dos sacramentos

5. Deus, que é o único santo e santificação, quis unir a si, como companheiros e colaboradores, homens que servissem humildemente a obra da santificação. Donde vem que os presbíteros são consagrados por Deus, por

---

[11] Cf. ibid., n. 33, 35, 48, 52 (p. 108-109; 113; 114).

---

transcendência e imanência se articulam de modo a ajudar os ouvintes a perceberem Deus que desce para fazer-se próximo de suas vidas e suas vidas sobem ao encontro de Deus.

O Decreto alerta, ainda, para a relação entre Palavra e Sacramentos, deixando claro que estes necessariamente dependem da Palavra para que sejam mais bem entendidos pelos fiéis. Por serem Sacramentos da fé e esta nascer e se alimentar da Palavra, não se admite sacramento desvinculado de um anúncio claro, esclarecedor e eficaz da Palavra.

5. *O múnus de santificar: celebrar a vida de Cristo, tornando-se um com Ele.* A dimensão sacerdotal do ministério presbiteral o faz também homem dos sacramentos, sobretudo do Sacramento da Eucaristia, fonte e ápice de toda a evangelização. Olhando a vida da grande maioria dos presbíteros, os sacramentos ocupam quase a totalidade de suas vidas no exercício de seu ministério. Portanto, cuidar com a máxima dedicação da preparação de todos os

meio do ministério dos bispos, para que, feitos de modo especial participantes do sacerdócio de Cristo, sejam na celebração sagrada ministros d'Aquele que na Liturgia exerce perenemente o seu ofício sacerdotal a nosso favor.[12] Na verdade, introduzem os homens no Povo de Deus pelo Batismo; pelo sacramento da Penitência, reconciliam os pecadores com Deus e com a Igreja; com o óleo dos enfermos, aliviam os doentes; sobretudo com a celebração da missa, oferecem sacramentalmente o Sacrifício de Cristo. Em todos os sacramentos, porém, como já nos tempos da Igreja primitiva testemunhou Santo Inácio mártir,[13] os

---

[12] Cf. ibid., n. 7 (p. 100-101); Pio XII, Carta enc. *Mystici Corporis*, 29 jun. 1943: AAS 35 (1943), p. 230.

[13] Santo Inácio M., *Smyrn.*, 8, 1-2 (ed. F. X. Funk, p. 282, 6-15), *Constitutiones Apostolorum*, VIII, 12, 3 (ed. F. X. Funk p. 496); VIII, 29, 2 (p. 532).

---

sacramentos é exigência intrínseca da missão sacerdotal. O simples fato de imaginar a grandeza da manifestação explícita de pertença ao Povo de Deus que acontece no Batismo, em que novos homens e mulheres assumem o compromisso de viver como filhos e filhas de Deus, lutando contra todas as discriminações raciais, sociais e de gênero, por serem revestidos de Cristo (cf. Gl 3,27-28), devia levar cada presbítero a dobrar seus joelhos e a pedir humildemente ao Pai que o perdoe por todas as vezes que ele mesmo possa não ter vivido essa dimensão de pertença de forma responsável e consequente. Faz-se urgente uma revisão séria e profunda da pastoral do Batismo, muitas vezes celebrado sem a devida reverência que esse sacramento exige ou por tantas outras vezes que é negado aos fiéis por não se enquadrarem em alguma norma pastoral. A totalidade da pastoral sacramental precisa de uma reflexão cuidadosa da parte de toda a Igreja. Quando assistimos, por um lado, a pompa em muitas celebrações de ordenação

presbíteros unem-se hierarquicamente de diversos modos com o bispo, e assim o tornam de algum modo presente em todas as assembleias dos fiéis.[14]

Os restantes sacramentos, porém, assim como todos os ministérios eclesiásticos e obras de apostolado, estão vinculados com a sagrada Eucaristia e a ela se ordenam.[15] Com efeito, na santíssima Eucaristia está contido todo o

---

[14] Cf. Conc. Vat. II, Const. dogm. De Ecclesia *Lumen gentium*, n. 28: AAS 57 (1965), p. 33-36.

[15] "A Eucaristia é como que a consumação da vida espiritual, e o fim de todos os sacramentos (S. Tomás, *Summa Theol.* III, q. 73. a. 3 c); Cf. *Summa Theol.* III, q. 65, a. 3.

---

presbiteral ou do sacramento do Matrimônio e, por outro, o descaso com as celebrações dos demais sacramentos, percebemos uma distorção gritante. Ofusca, na maioria das vezes, a dimensão de serviço do sacramento da Ordem e a dos compromissos que decorrem do sacramento da união do homem com a mulher, que os torna cocriadores na obra da criação, gerando vidas novas para o Povo de Deus.

A revisão da pastoral sacramental também deverá se debruçar com esmero no sacramento da Penitência, tão difícil nos dias de hoje, mas fundamental para a reconstituição do tecido social esgarçado pelas discrepâncias sociais, pela violência urbana e egoísmo humano fortemente incentivado nesta sociedade consumista. O sacramento da Penitência, para cumprir sua missão de reconciliar os pecadores com Deus, com a Igreja e entre si, precisa de presbíteros penitentes e convictos de que são os primeiros carentes da misericórdia do Pai. Como convencer homens e mulheres da necessidade do perdão reconciliador de Deus sem o devido cultivo da humildade, da dimensão *kenótica* vivida de maneira absoluta pelo Cristo que assumiu a condição de escravo e servidor da humanidade para resgatá-la de todos os seus pecados (Fl 2,7)?

tesouro espiritual da Igreja,[16] isto é, o próprio Cristo, a nossa Páscoa e o pão vivo que dá aos homens a vida mediante a sua carne vivificada e vivificadora pelo Espírito Santo; assim são eles convidados e levados a oferecer, juntamente com Ele, a si mesmos, os seus trabalhos e todas as coisas criadas. Por isso, a Eucaristia aparece como fonte e coroa de toda a evangelização, enquanto os catecúmenos são pouco a pouco introduzidos na participação da Eucaristia, e os fiéis, já assinalados pelo sagrado Batismo e pela

---

[16] Cf. Santo Tomás, *Summa Theol.* III, q. 65, a. 3, ad 1; q. 79, a. 1 c. e ad 1.

Vemos, hoje, de maneira bastante acentuada, a exploração da dimensão terapêutica da religião, o que nos impele também a um cuidado significativo com a prática do sacramento da Unção dos Enfermos. O povo, cada vez mais, procura os presbíteros para bênçãos e unções. Numa sociedade enferma, na qual as doenças se multiplicam, assumindo proporções de epidemias, e o sistema de saúde se mostra imensamente precário, a dimensão terapêutica da religião emerge como tábua de salvação, sobretudo para os pobres e excluídos. Não faltam os que se aproveitam dessa situação, enganando o povo com curas miraculosas, por meio de soluções mágicas, contrárias à verdadeira fé cristã.

Dentre os sacramentos, a Eucaristia é, sem dúvida, o ponto de convergência de toda a missão presbiteral; a ela se ordenam todos os ministérios eclesiásticos e tarefas apostólicas. O mistério pascal encontra na Eucaristia a sua expressão máxima, e os presbíteros têm nela sua identidade na presidência desse sacramento, que anuncia a mesa comum, onde todos encontram o pão que sacia definitivamente a fome e denuncia a falta da igualdade no acesso ao pão que mata a fome na mesa da história. Para que a

Confirmação, são plenamente inseridos no corpo de Cristo pela recepção da Eucaristia.

Portanto, o banquete eucarístico é o centro da assembleia dos fiéis a que o presbítero preside. Por isso, os presbíteros ensinam os fiéis a oferecer a Deus Pai a vítima divina no sacrifício da missa, e a fazer, com ela, a oblação da vida; com o exemplo de Cristo pastor, ensinam-nos a submeter de coração contrito à Igreja no sacramento da Penitência os próprios pecados, de tal modo que se convertam cada vez mais no Senhor, lembrados das suas palavras: "Fazei penitência, porque o reino dos céus está próximo" (Mt 4,17). De igual modo os ensinam a participar nas celebrações da sagrada Liturgia, para que também nelas façam oração sincera; guiam-nos a exercer durante a vida toda o espírito de oração cada vez mais perfeito, segundo as graças e necessidades de cada um, e entusiasmam a todos a observar os deveres do próprio estado, e aos mais adiantados a pôr em prática os conselhos evangélicos, do modo que convém a cada um. Ensinam, por isso, os fiéis

---

Eucaristia não se torne um mero show ou dramatização, é preciso que o presbítero se identifique com o que está celebrando. Ao dizer: "Isto é o meu corpo e isto é o meu sangue", que os presbíteros se incluam na oferta da vida plena realizada pelo único e eterno sacerdote: Jesus Cristo. O sacerdócio existencial, que iguala a todos os cristãos, nos impele à oferta da própria vida, como oblação, rendendo graças a Deus Pai, em nome de Jesus Cristo. Por fim, o Decreto insiste em que os presbíteros cuidem da dimensão litúrgica, incluindo o zelo pela casa de oração e por tudo o que serve de meio facilitador da dignidade do culto, do incentivo ao povo na vivência eucarística, tendo como fim último o louvor a Trindade Santa.

para que possam cantar ao Senhor nos seus corações com hinos e cânticos espirituais, dando sempre graças por tudo a Deus Pai em nome de Nosso Senhor Jesus Cristo.[17]

Os próprios presbíteros, ao recitar o ofício divino, distribuem pelas horas do dia os louvores e ações de graças que elevam na celebração da Eucaristia; é com o ofício divino que eles, em nome da Igreja, rezam a Deus por todo o povo que lhes fora confiado; mais ainda, por todo o mundo.

A casa de oração em que é celebrada e conservada a Santíssima Eucaristia, e os fiéis se reúnem, e na qual a presença do Filho de Deus, nosso Salvador, oferecido por nós no altar do sacrifício, é venerada para auxílio e consolação dos fiéis, deve ser nobre e apta para a oração e para as cerimônias sagradas.[18] Nela são convidados os pastores e os fiéis a corresponderem generosamente ao dom d'Aquele que pela sua humanidade continuamente infunde a vida divina nos membros do seu corpo.[19] Procurem os presbíteros cultivar retamente a ciência e a arte litúrgica, para que, pelo seu ministério litúrgico, Deus, Pai e Filho e Espírito Santo, seja louvado cada vez mais perfeitamente pelas comunidades a eles confiadas.

---

[17] Cf. Ef 5,19-20.

[18] Cf. São Jerônimo, *Epist*. 114, 2: "...os cálices sagrados, os véus sagrados e as outras coisas que pertencem ao culto da Paixão do Senhor... devem ser venerados com o mesmo respeito tributado ao Corpo e Sangue do Senhor, em virtude de terem tocado no Corpo e no Sangue do Senhor" (PL 22, 934). Cf. Conc. Vat. II, Const. De Sacra Liturgia, *Sacrosanctum Concilium*, n. 122-127: AAS 56 (1964), p. 130-132.

[19] Além disso, não deixem de fazer, algumas vezes, a visita ao Santíssimo Sacramento, que deve ser conservado no lugar mais nobre possível e com a maior honra possível nas igrejas segundo as leis litúrgicas; será uma prova de gratidão para com Cristo Senhor ali presente, penhor de amor e ofício de adoração devida" (Paulo VI, Encícl. *Mysterium fidei*, 3 set. 1965: AAS 57 (1965), p. 771).

Os presbíteros e o ministério pastoral

6. Exercendo, com a autoridade que lhes toca, o múnus de Cristo cabeça e pastor, os presbíteros reúnem, em nome do bispo, a família de Deus, como fraternidade bem unida, e por Cristo, no Espírito, levam-na a Deus Pai.[20] Para exercer este ministério, como também para os restantes ofícios sacerdotais, é conferido o poder espiritual, que é dado para edificação.[21] Na edificação da Igreja, porém, os presbíteros devem tratar com todos com grande

---

[20] Cf. Conc. Vat. II, Const. dogm. De Ecclesia, *Lumen gentium*, n. 28: AAS 57 (1965), p. 33-36.

[21] Cf. 2Cor 10,8; 13,10.

---

6. *O múnus de governar: "entre vós não deverá ser assim" (Mc 10,43).* Como profetas, os presbíteros são homens da Palavra; como sacerdotes, homens dos sacramentos, sobretudo da Eucaristia; como pastores, homens da unidade do Povo de Deus, congregando a todos em autênticas comunidades cristãs. Em profunda comunhão com o ministério dos bispos, os presbíteros são chamados a exercer o poder na perspectiva diaconal, isto é, do serviço a todo o Povo de Deus, congregando-o em comunidades, a exemplo de Jesus Bom Pastor. No exercício dessa dimensão do ministério presbiteral, agirão como educadores na fé, tendo em conta o binômio da caridade sincera e eficaz e a liberdade, pela qual Cristo nos libertou. Todas as suas atividades devem ser encaminhadas para a maturidade cristã do povo a eles confiados. Essa é uma condição sem a qual "as cerimônias ainda que belas e as associações mesmo florescentes" pouco servirão para o processo evangelizador. No espírito do Concílio, o Decreto deixa claro que, para essa maturidade cristã, os presbíteros deverão ajudar o povo a perscrutar os sinais dos tempos, sejam grandes ou pequenos, para vivenciar a vontade de Deus no seu cotidiano. Os Presbíteros

humanidade, a exemplo do Senhor. Nem devem proceder para com eles segundo o agrado dos homens,[22] mas segundo as exigências da doutrina e da vida cristãs, ensinando-os e admoestando-os como filhos caríssimos,[23] de harmonia com as palavras do Apóstolo: "Insiste a tempo e fora de tempo, repreende, suplica, admoesta com toda a paciência e doutrina" (2Tm 4,2).[24]

---

[22] Cf. Gl 1,10.

[23] Cf. 1Cor 4,14.

[24] Cf. Didascalia, II, 34,3; II, 46,6; II, 47,1; *Constitutiones Apostolorum*, II, 47, 1 (ed. F. X. Funk, *Didascalia et Constitutiones*, I, p. 116, 142 e 143).

---

são instados a treinar os cristãos a se colocarem a serviço uns dos outros, vencendo toda forma de egocentrismo e construindo uma sociedade fraterna, baseada nas exigências da nova lei da caridade.

A opção pelos pobres e humildes é lembrada como forma privilegiada de identificação com Jesus Cristo, que se associou aos últimos, tornando-os sinais messiânicos na obra da evangelização. Como bem lembrou o Papa João Paulo II, "há na pessoa dos pobres uma especial presença de Cristo, obrigando a Igreja a uma opção preferencial por eles" (NMI, n. 49); e, mais recentemente, o Papa Bento XVI afirmou que "a opção preferencial pelos pobres está implícita na fé cristológica naquele Deus que se fez pobre por nós, para enriquecer-nos com sua pobreza" (Discurso Inaugural [DI] da V Conferência do Episcopado Latino-Americano, em Aparecida, n. 3). E nesse mesmo discurso ele identificou a Igreja como "advogada da justiça e dos pobres" (DI, n. 4). Para o diligente cuidado pastoral dos presbíteros, o Decreto ainda destaca: os jovens, os pais, os religiosos e religiosas e, com maior solicitude, os enfermos e agonizantes.

Por isso, cabe aos sacerdotes, como educadores da fé, cuidar por si ou por outros que cada fiel seja levado, no Espírito Santo, a cultivar a própria vocação segundo o Evangelho, a uma caridade sincera e operosa, e à liberdade com que Cristo nos libertou.[25] De pouco servirão as cerimônias, embora belas, bem como as associações, embora florescentes, se não se ordenam a educar os homens a conseguir a maturidade cristã.[26] Os presbíteros ajudá-los-ão a promoverem esta maturidade, para que até nos acontecimentos, grandes ou pequenos, consigam ver o que as coisas significam e qual é a vontade de Deus. Sejam ensinados também os cristãos a não viverem só para si, mas, segundo as exigências da nova lei da caridade, cada um, assim como recebeu a graça, a administre mutuamente,[27] e assim todos cumpram cristãmente os seus deveres na comunidade humana.

Embora sejam devedores de todos, os presbíteros têm como recomendados a si de modo particular os pobres e os mais fracos, com os quais o próprio Senhor se mostrou

---

[25]   Cf. Gl 4,3; 5,1.13.

[26]   Cf. São Jerônimo, Epist. 58,7: PL 22, 584: "Que utilidade há em que as paredes brilhem de pedras preciosas, e Cristo morra no pobre?"

[27]   Cf. 1Pd 4,10s.

Depois destes destaques, o documento faz um alerta fundamental para que a missão presbiteral não se restrinja ao cuidado individual de pessoas, mas se dedique à constituição de autênticas comunidades cristãs. Estas, por sua vez, devem ser abertas às necessidades da Igreja universal, não se fechando ao seu pequeno espaço e nem mesmo à Igreja local. O centro destas comunidades de profundo caráter missionário é a Eucaristia, que educa os fiéis

unido,[28] e cuja evangelização é apresentada como sinal da obra messiânica.[29] Também com particular diligência acompanhem os jovens e, além disso, os cônjuges e os pais, que é para desejar se reúnam em grupos amigáveis, para se ajudarem mutuamente a proceder cristãmente com mais facilidade e plenitude na vida tantas vezes difícil. Lembrem-se os presbíteros de que todos os religiosos, homens e mulheres, como porção eleita na casa do Senhor, são dignos de cuidado especial, para seu proveito espiritual em benefício de toda a Igreja. Finalmente, sejam o mais solícitos possível com os doentes e moribundos, visitando-os e confortando-os no Senhor.[30]

Porém, o múnus de pastor não se limita ao cuidado singular dos fiéis, mas estende-se também propriamente à formação da genuína comunidade cristã. Para que seja cultivado devidamente o espírito de comunidade, deverá abraçar não só a igreja local mas também a Igreja inteira. A comunidade local, porém, não deve fomentar só o cuidado pelos seus fiéis mas também, imbuída de zelo

---

[28] Cf. Mt 25,34-35.

[29] Cf. Lc 4,18.

[30] Podem nomear-se outras categorias, por ex. os emigrantes, os nômades etc. Deles trata o Conc. Vat. II no Decreto *Christus Dominus*, acerca do múnus pastoral dos bispos na Igreja.

---

a partilharem a vida e, assim, nesse encontro em torno da mesa da Palavra e da mesa da Eucaristia, a Igreja de Jesus Cristo irrompe com toda a sua força e graça. "Da Liturgia, portanto, mas da Eucaristia principalmente, como de uma fonte, se deriva a graça para nós e com a maior eficácia é obtida aquela santificação dos homens em Cristo e a glorificação de Deus, para a qual, como a seu fim, tendem todas as demais obras da Igreja" (*Sacrosanctum*

missionário, deve preparar a todos o caminho para Cristo. Considera, todavia, como recomendados de modo especial os catecúmenos e os neófitos, que devem ser educados gradualmente no conhecimento e na prática da vida cristã.

Nenhuma comunidade cristã se edifica sem ter a sua raiz e o seu centro na celebração da santíssima Eucaristia, a partir da qual, portanto, deve começar toda a educação do espírito comunitário.[31] Esta celebração, para ser sincera e plena, deve levar não só às várias obras de caridade e ao auxílio mútuo, mas também à ação missionária, bem como às várias formas de testemunho cristão.

Além disso, a comunidade eclesial exerce, pela caridade, oração, exemplo e obras de penitência, uma verdadeira

---

[31] Cf. *Didascalia*, II, 59, 1-3: "Ao ensinar, manda e exorta o povo a frequentar a igreja e a nunca faltar, mas sim a vir sempre e a não diminuir a igreja, quando se retiram, e a diminuir um membro ao corpo de Cristo... Sendo membros de Cristo, não queirais separar-vos da igreja, quando não vos juntais; pois, tendo Cristo vossa cabeça, segundo a sua promessa, presente e em comunicação convosco, não queirais desprezar-vos a vós mesmos, nem separeis o salvador dos seus membros nem dividais nem disperseis o seu corpo..." (ed. F. X. Funk, I, 170); Paulo VI, *Alocução* aos sacerdotes italianos que tomaram parte na 3ª Assembleia realizada durante uma semana em Orvieto, sobre a "atualização pastoral", 6 set. 1963: AAS 55 (1963), p. 750s.

Concilium, n. 10). Por isso, acertadamente se diz que a Eucaristia é fonte e cume da missão evangelizadora, da verdadeira caridade e do testemunho cristão. É nestas comunidades eucarísticas que os presbíteros se alimentam para o exercício profícuo de seu ministério e é para essas comunidades que os fiéis devem ser atraídos para robustecerem sua fé, sua espiritualidade e se educarem para a partilha de toda a sua vida. E nesta missão de constituir comunidades cristãs os presbíteros não se valem de motivações outras que não as do Evangelho e no afã de querer ver crescer o Corpo de Cristo.

maternidade para com as almas que devem ser conduzidas a Cristo. Com efeito, ela constitui um instrumento eficaz que indica e prepara aos que ainda não creem o caminho para Cristo e para a Sua Igreja, e também anima, alimenta e fortalece os fiéis em ordem ao combate espiritual.

Na estruturação da comunidade cristã, os presbíteros nunca servem alguma ideologia ou facção humana, mas, como anunciadores do Evangelho e pastores da Igreja, trabalham pelo aumento espiritual do corpo de Cristo.

II. Relações dos presbíteros com os outros

Relações entre os bispos e os presbíteros

7. Todos os presbíteros participam de tal maneira com os bispos no mesmo e único sacerdócio e ministério de Cristo que a unidade de consagração e missão requer a sua comunhão hierárquica com a Ordem episcopal.[32] Esta comunhão, manifestam-na de modo perfeito, por exemplo

---

[32] Cf. Conc. Vat. II, Const. dogm. De Ecclesia, *Lumen gentium*, n. 28: AAS 57 (1965), p. 35.

---

7. Segunda seção do Capítulo II. Esse parágrafo do Decreto, no seu primeiro ponto, toca um tema de altíssima importância para a eficácia da missão evangelizadora da Igreja: o relacionamento dos presbíteros com seus bispos. Em consonância com o Decreto *Christus Dominus*, reafirma os deveres dos bispos de sempre ouvirem e contarem com a colaboração dos presbíteros, mantendo com eles o constante diálogo (CD, n. 28), no exercício do múnus de ensinar, santificar e apascentar o Povo de Deus (LG, n. 28). Esses múnus advêm não só do sacramento da Ordem, mas antes do sacramento do Batismo, conferidos a todos os batizados

na concelebração litúrgica, quando, juntamente com eles, professam celebrar o banquete eucarístico.[33] Portanto, os bispos, pelo dom do Espírito Santo dado aos presbíteros na sagrada ordenação, têm-nos como necessários cooperadores e conselheiros no ministério e múnus de ensinar, santificar e apascentar o Povo de Deus.[34] Isto mesmo afirmam, claramente, os documentos litúrgicos dos primeiros tempos da Igreja, quando pedem solenemente a Deus para o Presbítero ordinando a infusão do "espírito de graça e conselho, para que, com o coração puro, ajude e governe

---

[33] Cf. a chamada *Constitutio Ecclesiastica Apostolorum*, XVIII: "os Presbíteros são *symmystai* e *synepimachoi* dos bispos" (ed. Th. Schermann, *Die allgemeine Kirchenordnung*, I, Paderbon, 1914, p. 26; A. Harnack, T. u. U. II, 5, p. 13, n. 18 e 19); Pseudo-Jerônimo, *De Septem Ordinibus Ecclesiae*: "Na bênção são participantes dos ministérios juntamente com os bispos" (ed. A. W. Kalff, Würzburg 1937, p. 45); Santo Isidoro de Sevilha, *De Ecciesiasticis Officiis*, II, c. VII: "Presidem à Igreja de Cristo e na confecção do Corpo e do Sangue são participantes juntamente com os bispos, bem como na doutrinação dos povos e no ofício de pregar" (PL 83, 787).

[34] Cf. Didascalia, II, 28, 4 (ed. F. X. Funk, p. 108); *Constitutiones Apostolorum*, II, 28,4; II, 34,3 (ibid. p. 109 e 117).

---

e que aos ministros ordenados impregnam com outras especificidades. Portanto, a fraternidade tem origem sacramental e não se reduz a mero apelo moral.

A comunhão madura e adulta que deve haver entre os presbíteros e os bispos é condição sem a qual fica comprometido o exercício do ministério presbiteral bem como o episcopal. O Decreto menciona a obediência necessária dos presbíteros aos bispos, os quais devem ter aqueles em conta de irmãos e amigos. Enfim, uma comunhão que explicite a real fraternidade que deve haver entre os ministros de Deus, para que o povo possa deles dizer: "Vejam como se amam!". Desta feita, a comunhão entre presbíteros e bispos se constitui num sinal de que na Igreja, entre seus ministros, não se repetem a competição e a rivalidade tão

o povo",[35] como o espírito de Moisés, no deserto, se comunicou aos setenta varões prudentes,[36] e, "servindo-se Moisés do auxílio destes, tornou-se-lhe fácil governar a grande multidão do povo".[37] Por causa desta comunhão no

---

[35] Ibid., VIII, 16, 4 (ed. F. X. Funk, I, p. 523); Cf. *Epitome Const. Apost.*, VI (ibid. II, p. 80, 34); *Testamentum Domini*: "Dá-lhe o Espírito de graça, de conselho, e de magnanimidade, o espírito de presbiterado... para ajudar e governar o teu povo em obras com temor e coração puro" (trad. I. E. Rahmani, Mogúncia, 1899, p. 69). Igualmente, na *Trad. Apost.* (ed. B. Botte, *La Tradition Apostolique*, Münster i. W., 1963, p. 20).

[36] Cf. Nm 11,16-25.

[37] Pont. Rom., "Ordenação de Presbítero", Prefácio; estas palavras encontram-se já no *Sacramentarium Leonianum, Sacramentarium Gelasianum e Sacramentarium Gregorianum*. Encontram-se palavras semelhantes nas Liturgias Orientais: Cf. *Trad. Apost.*: "Olha para este teu servo, e dá-lhe o espírito de graça e de conselho, para que ajude os presbíteros e governe o teu povo com coração puro, assim como olhaste para o povo da tua eleição e mandaste a Moisés que escolhesse presbíteros que tu encheste com o teu espírito que deste ao teu servo" (da antiga versão latina Veronense, ed. B. Botte, *La Tradition Apostolique de S. Hippolyte. Essai de reconstruction*, Münster i. W. 1963, p. 20); *Const. Apost.* VIII, 16,4 (ed. F. X. Funk, I, p. 522, 16-17); *Epit. Const. Apost.* VI (ed. F. X. Funk, II, p. 80, 5-7); *Testamentum Domini* (trad. I. E. Rahmani, Mogúncia, 1899, p. 69); *Euchologium- Serapionis*, XXVII (ed. F. X. Funk, *Didascalia et Constitutiones*, II, p. 190, lin. 1-7); *Ritus Ordinationis*

---

frequente na comunidade humana. Aqui é preciso tornar real o conselho de Nosso Senhor, que, ressaltando as relações autoritárias do poder civil, urgiu que "entre vós não deverá ser assim" (cf. Mc 10,42-43). É preciso que o espírito de serviço se sobreponha ao espírito de poder para que as relações entre presbíteros e bispos sejam, cada vez mais, amistosas, fraternas e, numa só palavra, cristãs. Basta lembrar quantas vezes Nosso Senhor deixou claro que a verdadeira hierarquia é a do serviço: "Aquele que quiser tornar-se grande entre vós seja aquele que serve, e o que quiser ser o primeiro dentre vós seja o vosso servo" (Mt 20,26-27). O Código de Direito Canônico legisla sobre os cuidados que os bispos devem ter em relação aos seus presbíteros, lembrando-lhes a obrigação de ouvi-los como auxiliares e conselheiros, de mesmo sacerdócio e ministério, os bispos devem estimar os presbíteros,[38] como irmãos e amigos, e ter a peito o bem deles, quer o material, quer sobretudo o espiritual. Recai sobre eles, muito particularmente, a grave responsabilidade da santificação dos seus sacerdotes;[39] ponham, pois, particular empenho na contínua formação do seu presbitério.[40] Estejam dispostos a ouvi-los, consultem-nos e troquem com eles impressões sobre os problemas pastorais e o bem da diocese. Para que isto se torne eficiente, haja, em conformidade com as atuais circunstâncias e necessidades,[41] com estrutura e funções a determinar; um

---

in ritu Maronitarum (trad. H. Denzinger, Ritus Orientalium, II, Würzburg, 1863, p. 161). Entre os Padres, podem citar-se: Teodoro de Mopsuesta, *In 1 Tim.* 3,8 (ed. Swete, II, p. 119-121); Teodoreto, *Quaestiones in Numeros*, XVIII (PG 80, 372 B).

[38] Cf. Conc. Vat. II, Const. dogm. De Ecclesia, *Lumen gentium*, n. 28: AAS 57 (1965), p. 35.

[39] Cf. João XXIII, Encícl. *Sacerdotii nostri primordia.*, 1º ago. 1959: AAS 51 (1959), p. 576; São Pio X, Exortação ao Clero *Haerent animo*, 4 ago. 1908: S. Pii X Acta, vol. IV (1908), p. 237s.

[40] Cf. Conc. Vat. II, Decr. De pastorali Episcoporum munere in Ecclesia, *Christus Dominus*, n. 15 e 16.

[41] No Direito em vigor já se fala do Cabido catedral, como "senado e conselho" do bispo (C. I. C., c. 391), ou, na sua falta, do grupo dos consultores diocesanos (Cf. C. I. C. cc. 423-428). Deseja-se, todavia, que estas instituições sejam revistas de tal modo que se providencie melhor às circunstâncias e

---

defender-lhes os direitos e cuidar que cumpram devidamente as obrigações próprias do seu estado. Além disso, é próprio do múnus episcopal cuidar para que os presbíteros tenham possibilidades de alimentar e aprofundar sua vida espiritual e intelectual e que possam ter uma remuneração honesta, bem como o cuidado com sua assistência social (cf. CDC, cân. 384). E é fundamental a consciência presbiteral de que, junto aos seus irmãos presbíteros e unido ao seu bispo, como solícito cooperador, forma-se um só presbitério a serviço do Povo de Deus (cf. LG, n. 28).

conselho ou senado de sacerdotes,[42] que representam o presbitério, e pelos seus conselhos, podem ajudar eficazmente o bispo no governo da diocese.

Os presbíteros, porém, tendo presente a plenitude do sacramento da Ordem recebido pelos bispos, reverenciem

---

necessidades actuais. É claro que este grupo de Presbíteros difere do Conselho pastoral de que fala o Conc. Vat. II no Decreto *Christus Dominus*, acerca do múnus pastoral dos bispos na Igreja, 28 out. 1965, n. 27, a que pertencem também os leigos, e a quem pertence apenas investigar o que diz respeito às obras pastorais. Acerca dos Presbíteros como conselheiros dos bispos, podem ver-se: *Didascalia*, II, 28, 4 (ed. F. X. Funk, I, p. 108); *Const. Apost.*, II, 28, 4 (ed. F. X. Funk, I, p. 109); Santo Inácio M., *Magn.* 6,1 (ed. F. X. Funk, p. 194); *Trall.* 3,1 (ed. F. X. Funk, p. 204); Orígenes, *Contra Celsum*, III, 30: Os Presbíteros são conselheiros ou *boúleytai* (PG 11, 957D-960A).

[42] Santo Inácio M., *Magn.* 6,1: "Exorto-vos a que procureis fazer tudo na concórdia de Deus, estando o bispo em lugar de Deus, os presbíteros em lugar do senado apostólico, e tendo sido confiado aos diáconos muito meus amados o ministério de Jesus Cristo que estava desde toda a eternidade junto do Pai e depois apareceu" (ed. F. X. Funk, p. 195). Santo Inácio M., *Trall.* 3,1: "Todos igualmente respeitem os diáconos como a Jesus Cristo, assim como ao bispo, que é o representante do Pai; aos presbíteros, porém, como senado de Deus e Conselho dos apóstolos: sem eles, a Igreja não se pode chamar igreja" (ibid. p. 204); São Jerônimo, *In Isaiam*, II, 3 (PL 24, 61 D): "E nós temos na Igreja o nosso senado, o corpo dos presbíteros".

Acima de tudo, porém, é preciso considerar e valorizar as inúmeras possibilidades de enfocar evangelicamente o relacionamento fraterno e de comunhão, necessário entre os ministros da Igreja, seja qual for seu âmbito de atuação. Situações de ordem humana, tais como simpatias, antipatias ou problemas de ordem ideológica jamais deveriam comprometer o esforço comum e eclesial no anúncio do Reino e no serviço evangelizador de todo o Povo de Deus, razões fundantes do ministério ordenado. E, por fim, esse parágrafo acentua a urgente tarefa de superação das iniciativas isoladas e individualistas dos presbíteros, por meio da ação conjunta com seus irmãos de ministério, na busca constante de vida em comunhão com seus bispos.

neles a autoridade de Cristo pastor supremo. Adiram ao seu bispo com caridade e obediência sinceras.[43] Esta obediência sacerdotal em espírito de cooperação fundamenta-se na própria participação do ministério episcopal conferida aos presbíteros pelo sacramento da Ordem e pela missão canônica.[44]

A união dos presbíteros com os seus bispos é tanto mais necessária em nossos dias, quanto, por diversas razões, os empreendimentos apostólicos não só revestem múltiplas formas, mas também ultrapassam necessariamente os limites da paróquia ou diocese. Assim, nenhum presbítero pode realizar suficientemente a sua missão, isoladamente, mas só num esforço comum com os outros presbíteros, sob a direção dos que estão à frente da Igreja.

União e cooperação fraterna entre os presbíteros

8. Os presbíteros, elevados ao presbiterado pela ordenação, estão unidos entre si numa íntima fraternidade

---

[43] Cf. Paulo VI, Alocução aos párocos de Roma e pregadores quaresmais na capela Sistina, 1º março 1965: AAS 57 (1965), p. 326.

[44] Cf. *Const. Apost.*, VIII, 47, 39: "Os presbíteros... nada façam sem o parecer do bispo; a ele é que foi confiado o povo do Senhor e a ele serão pedidas contas pelas almas" (ed. F. X. Funk, p. 577).

---

8. A fraternidade entre os presbíteros não pode ser reduzida a uma casta cooperativa, a uma equipe de executivos institucionais, a um grupo de amigos e muito menos a uns cruzados em defesa da fé católica. O Decreto afirma que a fraternidade presbiteral é de ordem sacramental. Daqui decorre a importância dos presbitérios para a vida e exercício do ministério presbiteral. O padre, por meio do sacramento da Ordem, passa a pertencer a um presbitério e assume a missão confiada a ele pelo bispo

sacramental. Especialmente na diocese a cujo serviço, sob o bispo respectivo, estão consagrados, formam um só presbitério. Embora ocupados em diferentes obras, exercem o mesmo ministério sacerdotal a favor dos homens. Todos são enviados para cooperarem na obra comum, quer exerçam o ministério paroquial ou supraparoquial, quer se dediquem à investigação científica ou ao ensino, quer se ocupem em trabalhos manuais compartilhando a sorte dos operários, onde isso pareça conveniente e a competente autoridade o aprove, quer realizem qualquer outra obra apostólica ou orientada ao apostolado. Todos têm uma só finalidade, isto é, a edificação do corpo de Cristo que, especialmente em nossos dias, requer múltiplas atividades e novas adaptações. Por isso, é da máxima importância que

diocesano, em comunhão com seus irmãos padres. Seja qual for sua missão concreta, ele a assume em obediência ao bispo e comunhão com os demais presbíteros. De acordo com o seu carisma particular se insere no conjunto da obra evangelizadora da Igreja local, agindo não como franco atirador, mas como membro de um corpo, cuja fraternidade é sacramental.

No contexto da época, o Decreto reconhece como válida, dentre as diversas atividades pelas quais os presbíteros põem em ação a missão evangelizadora, a experiência dos padres operários. Todas as tarefas, quando realizadas em comunhão eclesial, têm o mesmo fim: edificar o Corpo de Cristo. O Decreto atesta a necessidade de novas adaptações para elas, de acordo com a conjuntura. Poderíamos até nos perguntar: será que hoje o ministério presbiteral não está cobrando novas formas, sobretudo numa sociedade bastante secularizada e laicizada, dinâmica e até frenética? Quais são os novos areópagos que se apresentam para a missão dos presbíteros?

todos os presbíteros, diocesanos ou religiosos, se ajudem mutuamente, para que sejam sempre cooperadores da verdade.[45] Cada membro do colégio presbiteral está unido aos outros por laços especiais de caridade apostólica, de ministério e de fraternidade. Isto mesmo, desde tempos remotos é significado liturgicamente quando os presbíteros presentes são convidados a impor as mãos, juntamente com o bispo ordenante, sobre o novo eleito, e bem como quando concelebram, num só coração, a sagrada Eucaristia. Cada presbítero se une, pois, com seus irmãos por vínculo de caridade, oração e omnímoda cooperação, e assim, se manifesta aquela unidade na qual Cristo quis que os seus fossem consumados, para que o mundo conheça que o Filho foi enviado pelo Pai.[46]

---

[45] Cf. 3Jo 8.

[46] Cf. Jo 17,23.

Fraternidade presbiteral também não é uniformidade, mas, na diversidade, ela se constitui num dom de amor e de apelo à superação de qualquer espírito competitivo. Cada irmão presbítero deve se alegrar com o carisma próprio dos outros irmãos, que conformam um presbitério com diversidade e maior eficácia no cumprimento da missão evangelizadora que, a cada dia, se torna mais complexa e variada. Aqui emerge a exigência de uma eclesiologia de complementaridade: um irmão suprindo no corpo eclesial o que falta a outro irmão. Os presbíteros precisam ter sempre claro que os dons que Deus lhes deu são para o serviço da totalidade eclesial e não mérito pessoal que alimenta vaidades e rivalidades. Um dos elementos nocivos que corrói a fraternidade presbiteral é o espírito carreirista, que impregna o seu portador de comportamento hipócrita e falso. O Papa Bento XVI, em inúmeras

Por este motivo, os mais idosos recebam os mais novos como irmãos e ajudem-nos nos seus primeiros empreendimentos e encargos do ministério; esforcem-se por compreender a sua mentalidade, embora diferente, e ajudem com benevolência as suas iniciativas. Do mesmo modo, os jovens reverenciem a idade e experiência dos mais velhos, aconselhem-se com eles nas questões referentes à cura de almas, e colaborem de bom grado.

Animados de espírito fraterno, os presbíteros não esqueçam a hospitalidade,[47] cultivem a beneficência e comunhão de bens,[48] tendo particular solicitude com os doentes, os atribulados, os que estão sobrecarregados de trabalho, os que vivem sós, os que vivem longe da Pátria, bem como com os que sofrem perseguição.[49] Reúnam-se

---

[47] Cf. Hb 13,1-2.

[48] Cf. Hb 13,16.

[49] Cf. Mt 5,10.

---

ocasiões, tem chamado a atenção para a tentação do carreirismo. Esse comportamento que muitas vezes se constata no meio eclesiástico funciona como um vírus a minar os esforços de vida fraterna. O Papa Bento XVI chegou mesmo a comparar os carreiristas aos mercenários da parábola do Bom Pastor, aqueles que "sobem" as cercas para devorar as ovelhas, evitando a porta do aprisco, que é o próprio Senhor.

São de profunda eficácia evangelizadora a comunhão e o amor recíproco entre os presbíteros de idade avançada e os jovens ordenados. Daqueles se exige um cuidado constante com seu ministério para que não fique tão defasado no tempo e na história a ponto de continuar apegados a respostas que não correspondem mais às perguntas hodiernas; destes, um respeito profundo em relação à pessoa do presbítero idoso, evitando quebrar, no afã de

também espontaneamente e com alegria, para descanso do espírito, lembrados das palavras com que o Senhor convidou os Apóstolos fatigados: "vinde, vamos para um lugar deserto para descansar um pouco" (Mc 6,31). Sobretudo para que os presbíteros encontrem auxílio mútuo na vida espiritual e intelectual, para que mais facilmente possam cooperar no ministério e para se defenderem dos perigos da solidão que possam surgir, promova-se entre eles algum modo de vida comum, ou alguma convivência, que podem revestir diversas formas, conforme as necessidades pessoais ou pastorais, por exemplo, habitar juntos, onde isso seja possível, ou tomar as refeições em comum, ou pelo menos ter reuniões frequentes e periódicas. Devem ter-se em especial apreço e promover diligentemente as associações, que com estatutos aprovados pela competente autoridade eclesiástica promovem a santidade dos

---

renovações, a continuidade de trabalhos apostólicos que se mostraram, ao longo do tempo, eficazes na edificação do único Corpo de Cristo. Precisamos urgentemente revisar essa relação, sobretudo, nos momentos de substituição nas tarefas evangelizadoras. Há irmãos que para marcarem sua estreia em determinado trabalho só faltam estender faixas com os dizeres: "Sob nova direção", ignorando que o povo que ele tem a sua frente foi conquistado para o Cristo por meio da dedicação incansável do irmão que o antecedeu. O mesmo que reclamamos dos poderes públicos, nos quais o trabalho não tem continuidade, repetimos constantemente entre nós. Aqui, uma vez mais, vale a pena lembrar o mandato do Cristo: "Entre vós, não deverá ser assim". A somatória do vigor dos novos com a experiência e maturidade dos mais velhos corrobora enormemente com a eficácia da ação evangelizadora, pois essa dimensão da fraternidade é também sacramental.

sacerdotes no exercício do ministério, por uma apropriada regra de vida e ajuda fraterna, e assim estão ao serviço de toda a Ordem dos presbíteros.

Finalmente, em razão da mesma comunhão no sacerdócio, sintam-se os presbíteros especialmente obrigados para com os que se veem em dificuldades; deem-lhes o auxílio oportuno, mesmo que seja necessário adverti-los discretamente. Ajudem com caridade fraterna e com

---

A sacramentalidade no ministério presbiteral igualmente se estende nas mais diversas circunstâncias e condições em que estão mergulhados os presbíteros: doentes, aflitos, sobrecarregados, solitários, exilados, perseguidos e presos. Em quaisquer dessas situações, os irmãos presbíteros devem se ajudar, fomentando o espírito fraterno, cuidando para não cair em corporativismos baratos, que nada têm a ver com a verdadeira e autêntica fraternidade presbiteral. Quando um membro do corpo sofre, todo o corpo padece. Dessa forma, é injustificável que haja entre os presbíteros diferenças gritantes de comodidades e de poder aquisitivo. A não ser pelo respeito ao carisma específico de cada um, essas diferenças funcionam como um contratestemunho deveras nocivo no conjunto da vida presbiteral, dentre os irmãos da Igreja toda e, por que não dizer, na sociedade à qual devemos educar para a partilha da vida e dos bens.

O Decreto também sugere que se criem entre os presbíteros outros momentos propícios para encontros de lazer, de oração e de partilha da vida. E para o fomento de uma vida presbiteral em comunhão, sugere-se a criação de associações presbiterais, às quais são recomendadas como merecedoras de alta estima e diligente promoção. Hoje, vemos com alegria algumas experiências no clero, tais como as Fraternidades Sacerdotais baseadas na espiritualidade do Beato Charles de Foucauld, do padre Antoine Chevrier, dos Focolares e outras. Têm-se mostrado de grande valia

magnanimidade aqueles que em alguma coisa se apartaram do reto caminho, façam por eles instantes preces a Deus e procedam sempre para com eles como verdadeiros irmãos e amigos.

Relações dos presbíteros com os leigos

9. Embora os sacerdotes do Novo Testamento, em virtude do sacramento da Ordem, exerçam no Povo e para o

---

para as Igrejas locais, quando não se isolam dos demais irmãos presbíteros e nem fomentam grupos à parte, mas se inserem no presbitério local e são disponíveis para serem enviados a qualquer trabalho evangelizador, de acordo com a carência da Igreja local. Há, também, entre nós a Associação Nacional dos Presbíteros do Brasil (ANPB), que procura reunir os padres em torno de temas pertinentes ao exercício do seu ministério e fomenta a fraternidade entre eles. De imensa valia aos presbíteros no Brasil tem sido a Comissão Nacional dos Presbíteros (CNP), que se organiza seguindo a estrutura dos Regionais da CNBB, promovendo as associações em âmbito diocesano e, a cada três anos em média, realiza um Encontro Nacional, congregando mais de 500 presbíteros para um tempo de aprofundamento sobre temas da vida e ministério presbiteral.

Concluindo esse parágrafo sobre a fraternidade presbiteral, todos os presbíteros são instados a prestar atenção especial àqueles que se transviaram em algum ponto, evitando os comentários que destroem, e praticando a caridade efetiva, quer por meio de admoestações discretas, quer por meio de acompanhamento fraterno, quer por meio da oração, revelando em todas as circunstâncias que se mantêm irmãos e amigos.

9. Depois de tratar da relação dos presbíteros com os bispos e entre si, o Decreto dedica um parágrafo para a fraternidade que

Povo de Deus o múnus de pais e mestres, contudo, juntamente com os fiéis, são discípulos do Senhor, feitos participantes do seu reino pela graça de Deus que nos chama.[50] Regenerados com todos na fonte do Batismo, os presbíteros são irmãos entre os irmãos,[51] membros dum só e mesmo corpo de Cristo cuja edificação a todos pertence.[52]

---

[50] Cf. 1Ts 2,12; Cl 1,13.

[51] Cf. Mt 23,8; "Depois, é preciso que pelo fato de desejarmos ser pastores, pais e mestres dos homens, por isso mesmo procedamos como seus irmãos" (Paulo VI, Encícl. *Ecclesiam suam*, 6 ago. 1964: AAS 58 (1964), p. 647.

[52] Cf. Ef 4,7.16; *Const. Apost.*, VIII, 1,20: "Mais ainda: nem o bispo se levante sobre os diáconos ou presbíteros, nem os presbíteros sobre o povo, porque duns e doutros se forma o conjunto do corpo" (ed. F. X. Funk, I, 467).

---

deve haver também dos presbíteros com os fiéis leigos, não só como pais e mestres, mas sobretudo como irmãos, pois, como eles, os presbíteros são discípulos do único mestre, Jesus Cristo. A significativa expressão de irmãos entre irmãos deve marcar todo o relacionamento dos presbíteros com os fiéis leigos e leigas. Nada mais contra o espírito evangélico que um presbítero arrogante e autoritário no trato com aqueles que cooperam, a seu modo, na missão evangelizadora. É cobrado dos presbíteros, junto aos leigos e leigas, um testemunho exemplar de vida cristã, destacando a dimensão da diaconia a exemplo de Jesus Cristo, que veio para servir e não para ser servido. Além disso, é missão dos presbíteros manterem-se atentos ao que o Espírito diz à Igreja, para que, por um lado, fomentem e, por outro, acatem as autênticas e inúmeras iniciativas evangelizadoras surgidas no meio dos cristãos leigos. Para que isso aconteça, é preciso que os leigos e as leigas sejam considerados em sua dignidade e não tratados como cristãos de segunda categoria. É preciso reconhecer, ainda, a justa autonomia que eles gozam como cidadãos e cidadãs do mundo, onde vivem e atuam suprindo, muitas vezes, deficiências da presença do clero.

Devem os presbíteros de tal modo estar à frente que, não procurando os próprios interesses mas os de Jesus Cristo,[53] trabalhem na obra comum com os leigos e vivam no meio deles segundo o exemplo do Mestre, que "veio" para o meio dos homens, "não para ser servido, mas para servir e dar a vida pela redenção de muitos" (Mt 20,28). Os presbíteros reconheçam e promovam sinceramente a dignidade e participação própria dos leigos na missão da Igreja. Estejam dispostos a ouvir os leigos, tendo fraternalmente em conta os seus desejos, reconhecendo a experiência e competência deles nos diversos campos da atividade humana, para que, juntamente com eles, saibam reconhecer os sinais dos tempos. Sabendo discernir

---

[53] Cf. Fl 2,21.

Reconhecer a competência singular dos leigos e leigas nos mais diversos campos de atuação social e aprender deles suas especificidades em nada diminui a missão de mestre dos presbíteros, pois cada um nas suas esferas próprias são mestres e discípulos. É preciso ousar, entregando aos leigos e leigas tarefas, até mesmo no interior das comunidades cristãs, que reconhecidamente eles exercem com mais competência e eficácia. Como bem salientou o apóstolo Paulo, é preciso reconhecer que pelo Batismo todos fomos revestidos de Cristo e, portanto, não deve haver mais entre os batizados nenhuma espécie de discriminação de raça (judeu ou grego), de ordem social (escravo ou livre) e de gênero (homem ou mulher) (cf. Gl 3,27-28).

Em profunda comunhão com os bispos, dos quais são diretos cooperadores, devem zelar corajosamente para a manutenção da verdade em todas as circunstâncias. No meio dos leigos e leigas, os presbíteros exercerão também a missão da unidade na

se os espíritos vêm de Deus,[54] perscrutem com o sentido da fé, reconheçam com alegria e promovam com diligência os multiformes carismas dos leigos, tanto os mais modestos como os mais altos. Entre os demais dons de Deus que se encontram com profusão entre os fiéis, são dignos de especial atenção os que atraem a uma vida espiritual mais alta. Entreguem-se aos leigos, com confiança, obras do serviço da Igreja, deixando-lhes espaço e liberdade de ação, convidando-os oportunamente a que tomem eles as suas iniciativas.[55]

---

[54] Cf. 1Jo 4,1.

[55] Cf. Vat. II, Const. dogm. De Ecclesia, *Lumen gentium*, n. 37: AAS 57 (1965), p. 42-43.

---

diversidade, para que nas comunidades cristãs ninguém se sinta estrangeiro. Saibam, a exemplo do Mestre, ir atrás de cada ovelha que se perdeu, buscando sua reintegração à vida e práticas comunitárias. Tenham solicitude para com os irmãos e irmãs de outras Igrejas. Exerçam seu ministério, enfim, de tal forma que ninguém se sinta fora do seu zelo pastoral e lembrem constantemente aos seus fiéis a necessidade de orar pelos seus padres, para que se mantenham fiéis à missão a eles confiada pelo próprio Senhor.

Dentre as relações às quais os presbíteros devem estar sempre vigilantes, ainda que de maneira tímida, esse parágrafo também lembra o necessário cuidado que os padres devem ter consigo mesmos. De fato, constatam-se entre os presbíteros certos comportamentos doentios quando eles se descuidam de si mesmos, quando se isolam, não descansam, não praticam o lazer. O relacionamento humano exige, com atenção para não cair no narcisismo e outras formas de autocentramento, um cuidado da própria pessoa, de sua preparação para servir melhor e de seu justo descanso.

Os presbíteros, finalmente, foram postos no meio dos leigos para os levar todos à unidade "amando-se uns aos outros com caridade fraterna, e tendo os outros por mais dignos" (Rm 12,10). É, pois, dever deles congraçar de tal maneira as diferentes mentalidades que ninguém se sinta estranho na comunidade dos fiéis. São os defensores do bem comum do qual têm cuidado em nome do bispo, e simultaneamente reivindicadores da verdade para que os fiéis não se deixem enredar por qualquer doutrina.[56] São-lhes confiados com peculiar solicitude os que se afastaram da prática dos sacramentos e sobretudo da fé, dos quais, como bons pastores, não deixarão de se aproximar.

Segundo as normas sobre o ecumenismo,[57] não esqueçam os irmãos que não vivem em plena comunhão eclesial conosco.

Terão ainda como confiados a si todos os que não reconhecem Cristo como seu Salvador.

Os fiéis, por sua vez, tomem consciência de que devem estar obrigados aos seus presbíteros; por isso, dediquem-lhes filial amor como a pais e pastores seus. Tomem parte nas suas preocupações, auxiliem-nos quanto lhes for possível com orações e obras, para que eles melhor possam vencer as dificuldades e cumprir mais frutuosamente os seus encargos.[58]

---

[56] Cf. Ef 4,14.

[57] Cf. Conc. Vat. II, Decreto De Oecumenismo, *Unitatis redintegratio*: AAS 57 (1965), p. 90s.

[58] Cf. Conc. Vat. II, Const. dogm. De Ecclesia *Lumen gentium*, n. 37: AAS 57 (1965), p. 42-43.

III. A distribuição dos presbíteros e as vocações sacerdotais

Adequada distribuição dos presbíteros

10. O dom espiritual, recebido pelos presbíteros na ordenação, não os prepara para uma missão limitada e determinada, mas sim para a missão imensa e universal da salvação, "até aos confins da terra" (At 1,8); de fato, todo o ministério sacerdotal participa da amplitude universal da missão confiada por Cristo aos Apóstolos. Com efeito, o sacerdócio de Cristo, de que os presbíteros se tornaram verdadeiramente participantes, dirige-se necessariamente a todos os povos e a todos os tempos, nem é coarctado

---

Terceira seção do Capítulo II. A distribuição dos presbíteros decorre do sacramento da Ordem, pois cada presbítero é ordenado não somente para uma Igreja local, mas para a solicitude com todas as necessidades universais da Igreja. E, para que o número de presbíteros possa corresponder às necessidades da Igreja, nessa seção se alerta também para o urgente trabalho vocacional.

10. A universalidade da missão presbiteral implica que os presbíteros tenham solicitude por todas as Igrejas, evitando restringir seu ministério a uma missão limitada e restrita. Assumir com afinco as tarefas locais que lhes são confiadas, mas com o coração sempre aberto às necessidades de toda a Igreja. Sendo preciso, em comunhão com seu bispo, o presbítero estará sempre pronto a arrumar as malas e partir. Sobretudo os presbíteros de dioceses ricas em vocações, precisarão ser estimulados a cobrir as carências de outras Igrejas. E as Igrejas devem cuidar de uma boa preparação para o envio de seus presbíteros em missão, sem descuidar da dimensão de sua saúde psíquica e física. Também precisa ficar claro que o presbítero-missionário não se autoenvia, mas

por nenhuns limites de sangue, nação ou idade, como já é prefigurado misteriosamente na pessoa de Melquisedec.[59] Lembrem-se, por isso, os presbíteros que devem tomar a peito a solicitude por todas as igrejas. Portanto, os presbíteros daquelas dioceses que têm maior abundância de vocações mostrem-se de boa vontade preparados para, com licença ou a pedido do próprio Ordinário, exercer o seu ministério em regiões, missões ou obras que lutam com falta de clero.

Além disso, revejam-se de tal modo as normas da incardinação e excardinação que, mantendo-se embora em vigor esta antiquíssima instituição, corresponda, todavia, melhor às necessidades pastorais de hoje. Sempre que o método apostólico o exigir, facilite-se não só a conveniente distribuição dos sacerdotes, mas também as obras

---

[59] Cf. Hb 7,3.

---

assume a missão em nome de sua Igreja local, portanto, enviado por ela. Além disso, como nos alerta o missionário Padre Estêvão Raschietti, tal vocação não é mera obra humana, nem do presbítero individualmente, nem mesmo decisão da Igreja local, mas "pura obra do Espírito, sem a inspiração do qual não é possível responder ao chamado de Deus" (RASCHIETTI, Estêvão. *Ad Gentes*; texto e comentário. São Paulo: Paulinas, 2011. p. 116).

O Decreto sobre a missão *Ad Gentes* dedica um capítulo especial aos missionários, à vocação missionária, ressaltando sua necessária formação doutrinal e apostólica, espiritual e moral. Nesse período pós-concílio, cresceu enormemente a consciência da necessária missão inculturada, que não se restringe a mero conhecimento da língua do povo ao qual se é enviado, mas a um verdadeiro mergulho idiossincrásico, para que a Boa-Nova a ser

pastorais peculiares que, segundo os diversos agrupamentos sociais, devem ser levadas a cabo em alguma região, ou nação ou em qualquer parte do mundo. Para isso, podem ser erigidos com utilidade alguns seminários internacionais, dioceses especiais ou prelaturas pessoais ou outras instituições, nas quais, da maneira a estabelecer em cada caso e salvos sempre os direitos do Ordinário de lugar, os presbíteros possam ser integrados ou incardinados para o bem comum de toda a Igreja.

Todavia, quanto for possível, não sejam enviados os presbíteros um a um para uma nova região, sobretudo se não conhecerem bem a sua língua e os seus costumes, mas, a exemplo dos discípulos de Cristo,[60] dois a dois ou três a três, de tal modo que se possam ajudar mutuamente. Convém igualmente que se cuide solicitamente da sua vida espiritual, bem como da sua saúde de alma e de corpo;

---

[60] Cf. Lc 10,1.

---

transmitida seja entendida e não provoque conflitos desnecessários no seu encontro com a nova cultura. A dimensão missionária do ministério presbiteral precisa ser despertada. Nenhum presbítero se transforma em missionário e nem se despertam vocações missionárias sem um trabalho diligente de toda a Igreja (cf. *Ad Gentes*, capítulo IV).

Visando a uma maior mobilidade dos presbíteros, para que estes se abram mais à dimensão missionária, o Decreto chama a atenção para a revisão da norma de encardinação e excardinação, adaptando-a de acordo com as novas circunstâncias da Igreja. Isso foi contemplado na revisão do Código de Direito Canônico, com enfoque também nas regiões que sofrem escassez de clero (cf. CDC, cân. 271).

e, quanto for possível, preparem-se-lhes lugares e condições de trabalho, segundo as circunstâncias pessoais de cada um. Muito convém igualmente que aqueles que vão para outra nação procurem conhecer bem não só a língua dela, mas também a índole psicológica e social própria do povo a quem desejam servir em humildade, comunicando com ele o mais perfeitamente possível, de tal modo que sigam o exemplo do Apóstolo Paulo, que pôde dizer de si mesmo: "Sendo livre com relação a todos, fiz-me servo de

---

O Concílio Vaticano II, por meio desse Decreto, deu um novo impulso à experiência dos padres *Fidei Donum* e também para a variedade de tarefas presbiterais e não somente o trabalho paroquial. Por um lado, isso foi extremamente positivo, pois fez com que inúmeras facetas da vocação e carisma presbiteral viessem a lume. Por outro lado, suscitou questionamentos de toda a ordem sobre o específico do ministério, gerando mesmo certa crise de identidade presbiteral. Aqui emerge a difícil tarefa do equilíbrio para não se confundir reais apelos de comunhão com desejos de processos uniformizadores.

O Decreto sobre os presbíteros também incentiva a criação de seminários internacionais e de prelazias pessoais. A experiência que se seguiu ao Concílio tem revelado que tais iniciativas podem produzir bons frutos se conseguem uma vivência autêntica de comunhão com as Igrejas locais, assumindo os seus processos pastorais e evangelizadores. Revelam-se, porém, conflitos quando isso não acontece. Há experiências de movimentos que se ocupam da formação dos seus membros bastante alheios às necessidades das Igrejas locais. A Conferência de Aparecida detecta dificuldades tanto dos movimentos quanto das dioceses: "Alguns movimentos eclesiais nem sempre se integram adequadamente na pastoral paroquial e diocesana; por sua vez, algumas estruturas eclesiais não são suficientemente abertas para acolhê-los" (DAp, n. 100e).

todos, para ganhar a muitos. Fiz-me judeu com os judeus, para ganhar os judeus" (1Cor 9,19-20).

Solicitude pelas vocações sacerdotais

11. O pastor e bispo das nossas almas[61] constituiu a sua Igreja de tal modo que o povo escolhido e adquirido com o seu sangue[62] tivesse sempre e até ao fim dos tempos os seus sacerdotes, a fim de que os cristãos não fossem jamais como ovelhas sem pastor.[63] Conhecendo esta vontade de Cristo, os Apóstolos, por inspiração do Espírito Santo, julgaram ser seu dever escolher ministros "capazes de ensinar também os outros" (2Tm 2,2). Este dever faz parte da própria missão sacerdotal, em virtude da qual

---

[61] Cf. 1Pd 2,25.

[62] Cf. At 20,28.

[63] Cf. Mt 9,36.

---

11. No campo vocacional, a Igreja conheceu duas perspectivas bem distintas. Levando-se em conta a eclesiologia total, que promove uma Igreja toda ministerial, a pastoral vocacional, em muitas Igrejas, tomou o rumo da variedade de vocações e de carismas e ministérios. Nessa ótica, eram incentivados todos os tipos de vocações para que suprissem as mais variadas necessidades da Igreja. Por outro lado, inúmeras iniciativas também surgiram visando à específica vocação sacerdotal. Na primeira perspectiva, a vantagem é o fomento da responsabilidade laical pelo exercício pleno, a seu modo, dos compromissos com o ensino, a santificação e o governo da Igreja, destacando o presbítero como um ministro da unidade dos ministérios e também explicita mais fortemente a eclesiologia do Concílio Vaticano II, onde os presbíteros exercem o ministério da síntese e não se configuram como a síntese dos ministérios.

o presbítero é feito participante da solicitude de toda a Igreja, para que jamais faltem na terra operários para o Povo de Deus. Todavia, visto que "ao piloto da barca e aos que nela devem ser levados... é comum o trabalho",[64] seja, por isso, informado todo o povo cristão de que é seu dever colaborar de diversos modos, pela oração frequente e por outros meios à sua disposição,[65] para que a Igreja tenha sempre os sacerdotes necessários ao cumprimento da sua missão divina. Portanto, procurem antes de mais os presbíteros com o ministério da palavra e com o testemunho duma vida que manifeste claramente o espírito

---

[64] *Pont. Rom.*, "Ordenação dos Presbíteros".

[65] Cf. Conc. Vat. II, Decr. De institutione sacerdotali *Optatam totius*, n. 2.

A nota que segue esse parágrafo do Decreto ressalta dois modos como se pode discernir a voz de Deus que chama – aspecto fulcral de toda a vocação cristã. Um é o modo interior, o da graça, o do Espírito Santo; outro é exterior, que carece de discernimento concreto da parte dos encarregados na Igreja para tal missão, sobretudo da parte dos bispos, pois serão eles que conferirão aos vocacionados, depois de um tempo adequado de preparação, o sacramento da Ordem e os enviarão em missão.

Temos encontrado inúmeros desafios nesse campo, pois nem todos seguem as normas ditadas pelo Código de Direito Canônico no momento da recepção de vocacionados, tanto dos que surgem na própria Igreja local, quanto mais dos que migram de outras Igrejas ou outros Institutos de Vida Consagrada (cf. CDC, cân. 241 §3; cân. 645 §2). A carência de presbíteros tem levado muitas Igrejas a flexibilizar enormemente os critérios de acesso ao ministério presbiteral. Inúmeros problemas e dissabores seriam evitados se o processo de consulta fosse observado com um pouco mais de esmero.

de serviço e a verdadeira alegria pascal, pôr diante dos olhos dos fiéis a excelência e a necessidade do sacerdócio, e, não se poupando a cuidados e a incômodos, ajudar aqueles que, jovens ou adultos, prudentemente julgarem idôneos para tão grande ministério, a preparar-se convenientemente e assim poder um dia, com plena liberdade externa e interna, ser chamados pelos bispos. Para atingir este fim, é da máxima utilidade a diligente e prudente direção espiritual. Os pais e os professores, e todos quantos de qualquer modo estão empenhados na formação das crianças e dos jovens, de tal maneira os instruam que, conhecendo a solicitude do Senhor pelo seu rebanho, e considerando as necessidades da Igreja, estejam preparados a responder generosamente com o profeta ao chamamento

Percebe-se que os verdadeiros agentes da pastoral vocacional são os presbíteros bem integrados na missão da Igreja, pois eles despertam a atenção dos jovens que estão buscando caminhos de realização pessoal. Porém, não devemos tergiversar nesse ponto: a obra vocacional é de toda a Igreja. Quando uma Igreja local tem um rosto mais definido, tem mais claras suas opções pastorais e evangelizadoras, o serviço da pastoral vocacional é imensamente facilitado, pois sabe dizer para os candidatos com clareza, sem ambiguidades, para que tipo de missão ele será encaminhado. Uma Igreja não atenta aos sinais dos tempos, e que não sabe bem por onde caminha, favorece vocações até mesmo equivocadas, causando danos irreparáveis na vida de pessoas concretas e no todo da missão eclesial. O processo de discernimento vocacional demanda seriedade dos seus responsáveis diretos e testemunho de alegria, coragem e realização de todo o corpo eclesial. Daqui emerge a responsabilidade imensa que recai sobre o presbitério, pois indiretamente seu testemunho influencia o processo de formação dos novos presbíteros.

divino: "Eis-me aqui, envia-me" (Is 6,8). Todavia, esta voz do Senhor que chama não deve ser de maneira nenhuma esperada como se tivesse de chegar aos ouvidos do futuro presbítero dum modo extraordinário. Com efeito, deve ser antes entendida e discernida a partir dos sinais que diariamente dão a conhecer aos cristãos prudentes a vontade de Deus; estes sinais devem ser considerados atentamente pelos presbíteros.[66]

A eles, portanto, se recomendam vivamente as Obras de vocações, quer diocesanas, quer nacionais.[67] Nas pregações, na catequese, nas publicações, importa declarar com a maior clareza as necessidades da Igreja tanto local com universal; ponham-se em evidência o sentido e a importância do ministério sacerdotal, como sendo aquilo em que se conjugam tão grandes alegrias com tão grandes obrigações e em que, sobretudo, como ensinam os santos Padres, se pode dar a Cristo o maior testemunho de amor.[68]

---

[66] "A voz de Deus que chama exprime-se de dois modos diversos, maravilhosos e convergentes: um interior, o da graça, o do Espírito Santo, o inefável da fascinação interior que a "voz silenciosa" e poderosa do Senhor exercita nas insondáveis profundezas da alma humana; e um exterior, humano, sensível, social, jurídico, concreto, o do ministro qualificado da Palavra de Deus, o do apóstolo, o da Hierarquia, instrumento indispensável, instituído e querido por Cristo, como veículo encarregado de traduzir em linguagem perceptível a mensagem do Verbo e do preceito divino. Assim ensina com São Paulo a doutrina católica: como ouvirão sem terem quem lhes pague... A fé vem pelo ouvido (Rm 10,14.17)": Paulo VI, alocução, 5 maio 1965: L'Osservatore Romano, 6 maio 1965, p. 1).

[67] Cf. Conc. Vat. II, Decr. De institutione sacerdotali, Optatam totius, n. 2.

[68] Isto ensinam os Santos Padres, quando explicam as palavras de Cristo a Pedro: "Amas-me?... Apascenta as minhas ovelhas" (Jo 21,17): assim São João Crisóstomo, De sacerdotio, II, 1-2 (PG 47-48, 633); São Gregório Magno, Reg. Past. Liber, P. I. c. 5 (PL 77, 19 a.).

Capítulo III
A vida dos presbíteros

I. A vocação dos presbíteros à perfeição

União com Cristo, sacerdote santo

12. Pelo sacramento da Ordem, os presbíteros são configurados com Cristo sacerdote, como ministros da cabeça, para a construção e edificação do seu corpo, que é a Igreja, enquanto cooperadores da Ordem episcopal. Já pela consagração do Batismo receberam com os restantes fiéis o sinal e o dom de tão insigne vocação e graça para

---

Capítulo III. Nesse capítulo, organizado em três secções, temos a reflexão simples e profunda sobre o cotidiano da vida dos presbíteros, seu chamado à santidade, a necessária unidade de vida, a vivência das virtudes peculiares da espiritualidade presbiteral e algumas pistas concretas, como subsídios para a vida dos presbíteros na dimensão espiritual, intelectual e material.

12. A relação entre santidade e sacerdócio requer uma reflexão sobre os dois termos em questão, começando pelo conceito veterotestamentário profundamente entrelaçado à ideia de separação, uma vez que a raiz do significado de santidade na Bíblia é "separar" (cf. XAVIER, Joseph. *Santidad y sacerdocio*. Barcelona: Facultad de Teología de Catalunya, 2011. Selecciones de teología, n. 197, v. 50, pp. 63-73). Assim está explícito no relato da criação

que, mesmo na fraqueza humana,[1] possam e devam alcançar a perfeição, segundo a palavra do Senhor: "Sede, pois, perfeitos, como o vosso Pai celeste é perfeito" (Mt 5,48). Estão, porém, obrigados por especial razão a buscar essa mesma perfeição visto que, consagrados de modo particular a Deus pela recepção da Ordem, se tornaram instrumentos vivos do sacerdócio eterno de Cristo, para

---

[1] Cf. 2Cor 12,9.

---

do sábado, dia separado dos demais para ser o dia do Senhor e, dessa forma, separa também Deus do mundo criado; na narrativa da entrada do pecado no mundo, a separação é fruto da condenação do ser humano, que deverá viver separado do Único Santo, Deus, uma vez que é expulso do Seu convívio; com a descrição do primeiro homicídio, a separação da santidade original empurra o ser humano a viver na impureza do mundo manchado pelo sangue de Abel. Ora, essa distância entre Deus e o ser criado faz emergir a necessidade de mediações concretas entre eles, tais como o templo e o sacerdócio. Este deveria, em cumprimento de sua missão de mediador, separar-se do mundo profano e impuro. Assim, o sacerdócio incorporava o dever e o anelo de santidade de todo o povo, impedido que estava este por sua condição de vida no mundo profano e impuro. Esse tipo de santidade e sacerdócio que para ser mediador entre Deus e o povo precisa ser separado do mundo foi superado pela vida e prática de Jesus de Nazaré. Para Jesus, ser santo é viver imerso no mundo dos pecadores e enfermos, revelando-lhes a misericórdia do Pai e não separar-se deles, como que evitando se tornar impuro como eles. Basta recorrer aos inúmeros exemplos de "contágio" de Jesus com as pessoas acometidas das diversas enfermidades ou com sua prática de comer com os pecadores. Para Jesus, o núcleo da lei, que poderia corroborar com a vida em santidade, era a justiça, a misericórdia

poderem continuar pelos tempos fora a sua obra admirável, que restaurou com suprema eficácia a família de todos os homens.[2] Fazendo todo o sacerdote, a seu modo, as vezes da própria pessoa de Cristo, de igual forma é enriquecido de graça especial para que, servindo todo o Povo de Deus e a porção que lhe foi confiada, possa alcançar de maneira conveniente a perfeição d'Aquele de quem faz as vezes, e cure a fraqueza humana da carne a santidade d'Aquele que por nós se fez pontífice "santo, inocente, impoluto, separado dos pecadores" (Hb 7,26).

---

[2] Cf. Pio XI, Encicl. *Ad catholici sacerdotii*, 20 dez. 1935: AAS 28 (1936), p. 10.

---

e a fé (cf. Mt 23,23), e não a separação dos classificados de impuros perante a lei. Santidade para Jesus é, portanto, o inverso da separação. É encarnação. É *kénosis*. Faz-se um de nós para que possamos ser como Ele, santos e irrepreensíveis no serviço aos demais. Nessa perspectiva é que se pode entender a configuração do presbítero a Cristo, o seu chamado à santidade, pois, de uma maneira especial, é convocado a ser seguidor do Verbo encarnado, do homem de Nazaré, que não se envergonhou do ser humano, mas se igualou a ele em tudo, exceto no pecado. Aproximar as pessoas do Único Santo se constitui, por isso, na vivência da santidade de todos os presbíteros. Missão que requer um esforço pessoal de integridade de vida e de santidade, em meio a um mundo carente de testemunhas autênticas, mas não isolados e separados. "Qualquer forma de santidade que esqueça sua identidade com os pobres e despossuídos e se centre obsessivamente na manutenção da própria pureza, rechaçando qualquer contato com as feridas supurantes da humanidade, se converte em uma moral arrogante, distante do coração de Deus" (BROWER, Kent. Citado por XAVIER, Joseph. *Santidad y sacerdocio*, cit., p. 73).

Cristo, que o Pai santificou ou consagrou e enviou ao mundo,[3] "entre a Si mesmo por nós, para nos remir de toda a iniquidade e adquirir um povo que Lhe fosse aceitável, zeloso do bem" (Tt 2,14), e assim, pela sua Paixão, entrou na glória.[4] De igual modo os presbíteros, consagrados pela unção do Espírito Santo e enviados por Cristo, mortificam em si mesmos as obras da carne e dedicam-se totalmente ao serviço dos homens, e assim, pela santidade de que foram enriquecidos em Cristo, podem caminhar até ao estado de varão perfeito.[5]

Deste modo, exercendo o ministério do Espírito e da justiça, se forem dóceis ao Espírito de Cristo que os vivifica

---

[3] Cf. Jo 10,36.

[4] Cf. Lc 24,26.

[5] Cf. Ef 4,13.

A santidade nesse parágrafo é lembrada, também, como fim a ser buscado intensamente por todos os cristãos, na perspectiva do capítulo V da *Lumen Gentium*, que alerta ser a vocação à santidade um apelo universal. Sem descuidar dessa verdade fundante, o Decreto ressalta que dos presbíteros é exigida uma radicalidade nessa busca, pois serão destacados para servir ao povo, configurados a Cristo cabeça pelo sacramento da Ordem, isto é, como ministros que vão à frente, testemunhas ímpares, abrindo caminhos para que todos os batizados se santifiquem. Importante ressaltar que Cristo cabeça não pode ser interpretado como fonte de privilégio no corpo eclesial, mas na legítima inspiração paulina (1Cor 12,12-30), a dignidade de todos os membros do corpo faz com que a cabeça esteja a serviço do todo e não acima em perspectiva de poder, tendo como modelo Nosso Senhor, que veio para servir e não ser servido (Mc 10,45). Os presbíteros, como instrumentos e guia, são robustecidos na vida espiritual. Pelos ritos sagrados de cada dia e por todo o seu ministério exercido em união com o bispo e os outros sacerdotes, eles mesmos se dispõem à perfeição da própria vida. Por sua vez, a santidade dos presbíteros muito concorre para o desempenho frutuoso do seu ministério; ainda que a graça de Deus possa realizar a obra da salvação por ministros indignos, todavia, por lei ordinária, prefere Deus manifestar as suas maravilhas por meio daquelas que, dóceis ao impulso e direção do Espírito Santo, pela sua íntima união com Cristo e santidade de vida, podem dizer com o Apóstolo: "se vivo, já não sou eu, é Cristo que vive em mim" (Gl 2,20).[6]

Por isso, este sagrado Concílio, para atingir os seus fins pastorais de renovação interna da Igreja, difusão do

---

[6] Cf. 2Cor 3,8-9.

---

vivos de Cristo Eterno Sacerdote, sabem que no exercício de seu ministério poderão contar com a graça peculiar, que advém da bondade do Pai como resposta à sua dedicação e entrega ao serviço de todos. O Decreto, por outro lado, chama a atenção que essa busca da santidade e da perfeição não é obra isolada de cada presbítero, mas ele a faz em profunda comunhão eclesial, em presbitério, na unidade com seu bispo e irmãos presbíteros. A pessoa de Jesus Cristo é o modelo único que deve orientar toda busca de santidade e perfeição. Apesar de reconhecer a autonomia da eficácia da graça santificante, que age mesmo por meio de ministros indignos, o Decreto destaca que "prefere Deus, ordinariamente, manifestar as suas maravilhas através daqueles que se fizeram mais dóceis ao impulso e à direção do Espírito Santo, pela íntima união com Cristo". Esse parágrafo é concluído com uma exortação a todos os presbíteros a viverem seu ministério,

Evangelho em todo o mundo e diálogo com os homens do nosso tempo, exorta veementemente todos os sacerdotes a que, empregando todos os meios recomendados pela Igreja,[7] se esforcem por atingir cada vez maior santidade, pela qual se tornem instrumentos mais aptos para o serviço de todo o Povo de Deus.

A santidade no exercício do ministério

13. Os presbíteros atingirão a santidade pelo próprio exercício do seu ministério, realizado sincera e infatigavelmente no espírito de Cristo. Sendo eles os ministros da palavra, todos os dias leem e ouvem a palavra do Senhor que devem ensinar aos outros. Esforçando-se por a receberem em si mesmos, cada vez se tornam mais perfeitos discípulos do Senhor, segundo a palavra do Apóstolo Paulo a Timóteo: "Medita estas coisas, permanece nelas, para que o teu aproveitamento seja manifesto a todos. Atende a ti e

---

[7] Cf. entre outros documentos: São Pio X, Exortação ao clero *Haerent animo*, 4 ago. 1908: São Pio X Ata, vol. IV (1908), p. 237ss; Pio XI, Encícl. *Ad catholici sacerdotii*, 20 dez. 1935: AAS 28 (1936), p. 5ss; Pio XII, Exortação apost. *Menti nostrae*, 23 seta 1950: AAS 42 (1950), p. 657ss; João XIII, Encícl. *Sacerdotii nostri primordia*. 1º ago. 1959: AAS 51 (1959), p. 545ss.

---

na busca da santidade, tendo como fim maior o serviço de todo o Povo de Deus, o qual deve fazer aproximar-se do Único Santo.

13. No exercício do ministério da santidade, o Decreto destaca a necessária intimidade diária de todos os presbíteros com a Palavra e a Eucaristia. A familiaridade com a Palavra deve fazer do presbítero um discípulo autêntico, favorecendo-lhe amoldar a vida segundo a Palavra. Dessa forma, quando exercer o ministério do ensino, falará de algo tão próprio que será como um contar de sua própria vida aos demais. Servidores da Palavra, servidores

à doutrina. Persevera nestas coisas. Fazendo isto, não só te salvas a ti, mas também aos que te ouvem" (1Tm 4,15-16). Investigando como mais convenientemente poderão dar aos outros aquilo que meditaram,[8] mais profundamente saborearão "as insondáveis riquezas de Cristo" (Ef 3,8) e a multiforme sabedoria de Deus.[9] Tendo diante de si que é o Senhor quem abre os corações[10] e que a sublimidade não vem deles mas da virtude de Deus,[11] na própria pregação unam-se mais intimamente com Cristo mestre e deixem-se levar pelo seu espírito. Assim unidos a Cristo, participarão da caridade de Deus, cujo mistério, escondido desde os séculos,[12] foi revelado em Cristo.

Como ministros das coisas sagradas, é sobretudo no sacrifício da missa que os presbíteros dum modo especial fazem as vezes de Cristo, que se entregou como vítima para a santificação dos homens. Por isso, são convidados a imitar aquilo que tratam, enquanto, celebrando o mistério

---

[8] Cf. Santo Tomás, *Summa Theol.*, II-II, q. 188, a. 7.

[9] Cf. Hb 3,9-10.

[10] Cf. At 16,14.

[11] Cf. 2Cor 4,7.

[12] Cf. Ef 3,9.

---

dos irmãos. É o próprio Espírito de Jesus Cristo que vai guiando o presbítero nessa relação existencial com a Palavra e o torna também homem eucarístico. Por isso, a vivência da Eucaristia em sua vida flui como algo natural, pois a relação entre a Palavra ouvida e celebrada é intrínseca. Em profunda consonância com a Constituição Dogmática conciliar sobre a Palavra, a *Dei Verbum*, o presbítero não separa a mesa da Palavra da mesa da Eucaristia: "A Igreja sempre venerou as divinas Escrituras da mesma forma como o próprio Corpo do Senhor, já que, principalmente na Sagrada

da morte do Senhor, procuram mortificar os seus membros de todos os seus vícios e concupiscências.[13] No mistério do sacrifício eucarístico, em que os sacerdotes realizam a sua função principal, exerce-se continuamente a obra da nossa Redenção.[14] Por isso, com instância se recomenda a sua celebração quotidiana, porque, mesmo que não possa ter a presença dos fiéis, é ato de Cristo e da Igreja.[15] Assim, enquanto os presbíteros se unem com a própria ação

---

[13] Cf. Pont. Rom., "Da ordenação dos Presbíteros".

[14] Cf. *Missale Romanum,* oração sobre as oblatas no IX domingo depois do Pentecostes.

[15] Com efeito, qualquer missa, embora seja celebrada pelo sacerdote em particular, não é privada, mas sim ato de Cristo e da Igreja; a Igreja, no sacrifício que oferece, aprende a oferecer-se a si mesma como sacrifício universal e aplica para salvação de todo o mundo a única e infinita virtude redentora do sacrifício da Cruz. Cada missa que se celebra não se oferece só pela salvação de alguns, mas pela salvação de todo o mundo [...] Recomendamos, por isso, paternal e veementemente aos sacerdotes, que são a nossa alegria e a nossa coroa no Senhor, que celebrem todos os dias digna e devotamente" (Paulo VI, Encícl. *Mysterium fidei*, 3 set. 1965: AAS 57 (1965), p. 761-762); Cf. Conc. Vat. II, Const. De Sacra Liturgia, *Sacrosanctum Concilium*, n. 26 e 27: AAS 56 (1964), p. 107.

Liturgia, sem cessar toma da mesa tanto da palavra de Deus quanto do Corpo do Cristo o pão da vida, e o distribui aos fiéis" (DV, n. 21). Atentos a esses ensinamentos, é bom que o presbítero evite qualquer desequilíbrio no tratamento destas duas grandezas: Palavra e Eucaristia. De uns tempos para cá, percebe-se verdadeiro abuso nesse sentido com adorações do Santíssimo totalmente descoladas de uma pedagogia em relação à Palavra, favorecendo mais um sentido mágico na relação entre fiéis e Eucaristia. *Presbyterorum Ordinis* une essas duas dimensões essenciais à vida e ao ministério dos padres e as relaciona com a recitação do Ofício Divino e a disposição cotidiana ao sacramento da Penitência. Tudo isso forma um conjunto salutar para a santificação do presbítero,

de Cristo sacerdote, oferecem-se todos os dias totalmente a Deus, e, alimentando-se do Corpo do Senhor, participam amorosamente na caridade d'Aquele que se dá como alimento aos fiéis. De igual modo, na administração dos sacramentos unem-se à intenção e caridade de Cristo, o que se dá especialmente quando se mostram sempre totalmente dispostos a administrar o sacramento da Penitência todas as vezes que os fiéis racionalmente o pedirem. Na recitação do ofício divino, emprestam à Igreja a sua voz, que persevera na oração, em nome de todo o gênero humano, unida a Cristo, "sempre vivo a interceder por nós" (Hb 7,25).

Conduzindo e apascentando o Povo de Deus, são incitados pela caridade do Bom Pastor a dar a sua vida pelas ovelhas,[16] prontos para o supremo sacrifício, seguindo o exemplo daqueles sacerdotes que mesmo em nossos dias não recusaram entregar a sua vida. Sendo educadores na fé e tendo eles mesmos "firme confiança de entrar no santuário mediante o sangue de Cristo" (Hb 10,19), aproximam-se de Deus "com coração sincero, na plenitude da fé" (Hb 10,22); dão mostras duma esperança firme perante

---

[16] Cf. Jo 10,11.

---

quando ele o pratica no seguimento da caridade do Cristo. É nessa caridade do Cristo, Bom Pastor, que o presbítero vive o seu ministério de forma existencial, isto é, na disposição diária de dar a vida por todos os que foram confiados aos seus cuidados. Esse parágrafo do Decreto deixa clara a necessidade de unidade de vida do presbítero no exercício de seu ministério, fruto, inclusive, de uma prática ascética, que o leva a renunciar qualquer proveito

os fiéis,[17] a fim de poderem consolar aqueles que se encontram na angústia, com aquela exortação com que eles são exortados por Deus;[18] chefes da comunidade, cultivam a ascese própria dos pastores de almas, renunciando às próprias comodidades, buscando não aquilo que lhes é útil a si, mas a muitos, para que se salvem,[19] aperfeiçoando-se sempre cada vez mais no desempenho do seu múnus pastoral, dispostos a tentar novas vias, onde for necessário, guiados pelo Espírito de amor, que sopra onde quer.[20]

Unidade de vida dos presbíteros em Cristo

14. No mundo de hoje, sendo tantos os deveres a cumprir e tão grande a diversidade de problemas em que se angustiam os homens, frequentíssimamente com urgência de solução, correm os mesmos homens o perigo de

---

[17] Cf. 2Cor 1,7.

[18] Cf. 2Cor 1,4.

[19] Cf. 1Cor 10,3.

[20] Cf. Jo 3,8.

---

pessoal, a entregar-se totalmente à missão, sem se imiscuir da busca de novos caminhos pastorais.

14. A unidade de vida tornou-se neste período pós-conciliar um tema bastante atual na vida dos presbíteros, pois constata-se o quanto a onda individualista tomou conta também desse segmento eclesial, comprometendo a qualidade da missão e transformando o presbitério em órgão decorativo, quando não incômodo para a vida de muitos padres. O individualismo também tem se revelado o grande obstáculo para a pastoral de conjunto, sepultando esforços feitos na elaboração de planos de pastoral. Muitas vezes, encontramos padres muito bons, mas agindo isoladamente

se dispersarem por muitas coisas. Também os presbíteros, implicados e dispersos por muitíssimas obrigações do seu ministério, podem perguntar, não sem ansiedade, como lhes será possível reduzir à unidade a sua vida interior com a sua ação exterior. Esta unidade de vida não pode ser construída com a mera ordenação externa do seu ministério nem apenas com a prática dos exercícios de piedade, por mais que isto concorra para ela. Mas poderão os presbíteros construí-la, seguindo, na prática do ministério, o exemplo de Cristo Nosso Senhor, cujo alimento era fazer a vontade d'Aquele que O enviou para realizar a sua obra.[21]

Cristo, para continuar no mundo incessantemente a fazer a vontade do Pai mediante a Igreja, atua realmente pelos seus ministros, e assim permanece sempre o princípio e a fonte de unidade da sua vida. Portanto, os presbíteros alcançarão a unidade da sua vida, unindo-se a Cristo no conhecimento da vontade do Pai e no dom de si mesmos

---

[21] Cf. Jo 4,34.

---

e desgastados pela gigantesca demanda de tarefas que se lhe apresentam no seu dia a dia. Fazem muito, mas totalmente desarticulados em relação aos demais esforços evangelizadores da Igreja local onde atuam. Revelam, muitas vezes, um forte esgarçamento de seu tecido existencial, com a consequente falta de unidade de suas vidas. Esse pode ser sintoma de várias enfermidades. Constata-se a existência não rara de padres estressados, fadigados e desiludidos, que já não conseguem encontrar o sentido da própria missão. Tornou-se comum na sociedade ouvir falar da síndrome de *burnout*, e entre os presbíteros se diz "síndrome do bom samaritano desiludido". São várias as suas causas, tais como: sobrecarga de trabalho, falta de controle sobre si, insuficiente

pelo rebanho que lhes foi confiado.[22] Assim, fazendo as vezes do Bom Pastor, encontrarão no próprio exercício da caridade pastoral o vínculo da perfeição sacerdotal, que conduz à unidade de vida e ação. Esta caridade pastoral[23] flui sobretudo do sacrifício eucarístico, que permanece o centro e a raiz de toda a vida do presbítero, de tal maneira que aquilo que se realiza sobre a ara do sacrifício isso mesmo procura realizar em si a alma sacerdotal. Isto, porém, só se pode obter, na medida em que, pela oração, os sacerdotes penetram cada vez mais profundamente no mistério de Cristo.

---

[22] Cf. 1Jo 3,16.

[23] "Seja ofício de amor apascentar o rebanho do Senhor" (Santo Agostinho, *Tract. in Jo.*, 123, 5: PL 35, 1967).

---

gratificação, redução do sentido de pertença comunitária, ausência de equidade percebida no próprio tratamento, percepção de um contraste entre os próprios valores e aqueles da organização. Em outras palavras, trata-se do esvaziamento existencial de quem deu tudo de si e se esgotou no exercício de sua missão. Por um lado, pode ser nobre perceber que alguém está exausto por tanto se doar; porém, por outro, o que se vê é a ação isolada de muitos presbíteros que se perdem no emaranhado de tarefas, às vezes, desconexas. Muitas vezes, é expressão de quem assumiu a missão como franco atirador. Seus sintomas são variados e servem de alerta para um cuidado específico e urgente: enfraquecimento das motivações individuais, extinção do desejo espontâneo, redução da necessidade de doar-se, tudo isso acompanhado de uma progressiva estagnação, de uma espécie de apatia, frustração e desgaste emocional. Em outros casos aparece a diminuição da autoestima. Crescem formas de irritações e de nervosismo, de incômodo diante das mesmas pessoas, de repetitividade cada vez

Para que possam realizar concretamente a unidade de vida, considerem todas as suas iniciativas, examinando qual será a vontade de Deus,[24] ou seja, qual é a conformidade das iniciativas com as normas da missão evangélica da Igreja. A fidelidade para com Cristo não se pode separar da fidelidade para com a Igreja. Por isso, a caridade pastoral exige que os presbíteros, para que não corram em vão,[25] trabalhem sempre em união com os bispos e com os outros irmãos no sacerdócio. Procedendo assim, encontrarão os presbíteros a unidade da própria existência na unidade da missão da Igreja, e assim unir-se-ão com o

---

[24] Cf. Rm 12,2.
[25] Cf. Gl 2,2.

---

mais insuportável. Num excelente artigo publicado na revista do clero italiano, seu autor alerta: "É bom lembrar que a falência das relações com as pessoas não depende apenas do sujeito, mas também do contexto estrutural no qual ele atua. No entanto, o fenômeno de esgotamento das relações (*burnout*) acontece através de uma interação destas duas correntes: de um lado as características do presbítero e de outro a organização do trabalho pastoral" (PAGANI, Severino. Uomo tra la gente. *La Rivista del Clero Italiano* 75 [1994], p. 419-435; 499-512).

Já se chamou a atenção para essa característica esvaziadora da missão presbiteral, mas pela prática se vê que esse grito ainda não ganhou a devida consideração, comprometendo a integração do presbítero na vivência de sua intimidade. Muitos, inclusive, se sentem pouco valorizados e, cansados, deixam o ministério e, o que é mais grave, se abstraem depois de qualquer prática cristã.

Para conseguir a verdadeira unidade de vida no exercício do ministério presbiteral, a Igreja local pode ser uma grande aliada, fomentando ocasiões de formação permanente e mesmo

Senhor, e por meio d'Ele com o Pai, no Espírito Santo, a fim de que possam encher-se de consolação e superabundar na alegria.[26]

---

[26] Cf. 2Cor 7,4.

---

constituindo a Pastoral do Cuidado Presbiteral. Nem sempre o próprio presbítero se dá conta de que está atuando nos limites de sua capacidade. "Sendo o papel sacerdotal, em todos os tempos e religiões, um dos papéis sociais antropologicamente mais esvaziadores do núcleo íntimo da pessoa, é mister que, no caso do padre católico, embora também ele se enquadre nesta determinação sociológica, se recuse o primado ao que despersonaliza, e se dê ênfase crescente ao que fomenta o 'ser-assim' de cada um" (COMISSÃO NACIONAL DE PRESBÍTEROS. *Presbíteros do Brasil construindo a história*. São Paulo: Paulus, 2001. p. 94). O cuidado permanente com a edificação de uma sólida vida espiritual, o cultivo diário da reflexão sobre o Evangelho, na pedagogia da *lectio divina*, a leitura constante dos grandes autores espirituais, a familiaridade com os principais documentos da Igreja, o fomento da fraternidade presbiteral, a busca sincera de um confessor e orientador espiritual, tudo isso somado à caridade pastoral alimentada por uma vida centrada na Eucaristia pode se configurar num grande antídoto contra tal síndrome. O Decreto acredita que a caridade pastoral, intensamente vivida junto ao Povo de Deus e em comunhão com o presbitério, pode ser o gancho existencial fundamental a garantir a unidade de vida do presbítero, favorecendo sua realização humana e ministerial. A caridade pastoral se constitui, portanto, no eixo unificador da vida do presbítero, bem como o núcleo central que lhe confere a identidade presbiteral. Essa caridade pastoral apresentada pelo Decreto implica também a vivência em presbitério, pois é na comunhão com os seus irmãos padres que o presbítero encontra a comprovação de

II. Peculiares exigências espirituais na vida dos presbíteros

Humildade e obediência

15. Entre as virtudes que sobretudo se requerem no ministério dos presbíteros, deve nomear-se aquela disposição de espírito pela qual estão sempre prontos não a procurar a própria vontade, mas a vontade d'Aquele que os enviou.[27] A obra divina, para que o Espírito Santo os assumiu,[28] transcende todas as forças e a sabedoria humana, pois "Deus escolheu o que há de fraco no mundo, para confundir os fortes" (1Cor 1,27). Consciente, portanto, da própria fraqueza, o verdadeiro ministro de Cristo trabalha

---

[27] Cf. Jo 4,34; 5,30; 6,38.
[28] Cf. At 13,2.

---

que sua missão é autenticamente eclesial, fraterna e cristã. A fidelidade a Cristo na prática da caridade pastoral precisa estar em profunda consonância com a fidelidade à Igreja, e isso acontece quando o presbítero assume sua vida e missão em presbitério.

15. Aqui se inicia a segunda seção do capítulo III do Decreto, abordando algumas exigências peculiares de espiritualidade na vida dos presbíteros. O que aos irmãos e irmãs de vida consagrada se constituem nos conselhos evangélicos – obediência, castidade e pobreza –, é apresentado aqui como exigências a todos os presbíteros como condição para o bom exercício de sua missão, em comunhão com a Igreja. Não fala de conselhos evangélicos e sim virtudes evangélicas. As primeiras são a humildade e obediência. Depois de um período longo de até abuso no exercício do poder dentro da Igreja, convencionou-se dizer que a obediência precisa na humildade, examinando o que é agradável a Deus,[29] e, como que assumido pelo Espírito,[30] é conduzido pela vontade d'Aquele que quer que todos os homens se salvem. Pode descobrir esta vontade e realizá-la nas circunstâncias de cada dia, servindo humildemente aqueles que lhe foram confiados por Deus, na tarefa que lhe foi entregue e nos acontecimentos da sua vida.

O ministério sacerdotal, porém, sendo ministério da própria Igreja, só em comunhão hierárquica com todo o corpo se pode desempenhar. Portanto, a caridade pastoral instiga os presbíteros, agindo nesta comunhão entreguem a sua vontade por obediência ao serviço de Deus e dos seus irmãos, recebendo com espírito de fé e executando o que lhes é preceituado ou recomendado pelo Sumo

---

[29] Cf. Ef 5,10.
[30] Cf. At 20,22.

---

ser exercida no diálogo e o Decreto a chama de "obediência responsável". De fato, quem busca realizar em sua vida a vivência da vontade de Deus sente-se livre para o exercício das virtudes da humildade e da obediência, pois não teme confrontar com os outros suas ideias e iniciativas pastorais. O que não se pode é permitir que em nome da comunhão se abuse do poder, classificando como quebra de unidade quando se discorda de uma orientação superior. Obediência supõe também confiança e essa se adquire na comunhão de vida e de missão. Também não se deve confundir unidade com uniformidade. Aquela é fruto de convivência fraterna na busca da realização de ideais comuns, em prol do Povo de Deus; esta emerge quando há imposição de vontades, falta de diálogo e, portanto, falta de confiança. Nesse sentido, o Decreto apresenta a atitude clara dos presbíteros na exposição de

Pontífice, pelo próprio bispo e outros Superiores, entregando-se e "super-entregando-se",[31] de todo o coração, a qualquer cargo, ainda que humilde e pobre, que lhes seja confiado. Desta forma conservam a necessária unidade e estreitam-na com os seus irmãos no ministério, sobretudo com aqueles que o Senhor pôs como chefes visíveis da sua Igreja, e trabalham para a edificação do corpo de Cristo, que cresce "por toda a espécie de junturas que o alimentam".[32] Esta obediência, que leva a uma maior maturidade dos filhos de Deus, exige de sua natureza que, quando no desempenho do seu múnus, movidos pela caridade, tentem prudentemente novas vias para maior bem da Igreja, proponham confiadamente as suas iniciativas, manifestem solicitamente as necessidades do seu rebanho,

---

[31] Cf. 2Cor 12,15.

[32] Cf. Ef 4,11-16.

---

iniciativas que visem à vivência da caridade pastoral e à insistência quando se trata de expor as necessidades do povo a ele confiado. Portanto, humildade e obediência vividas num ambiente de comunhão de vidas que buscam dar prioridade na realização da vontade de Deus, abrindo mão, muitas vezes, daquilo que lhes parece essencial e prioritário. Quem ama não tem medo da convivência com os irmãos e irmãs; não se sente ameaçado pela liderança dos outros e sabe pacientemente esperar o momento do consenso, nunca impondo seus conceitos e/ou atribuindo a eles a identificação com a vontade de Deus somente para antecipar sua própria vontade. É também impressionante como a vivência da autêntica humildade e obediência da parte de todos faz fluir o exercício do poder-serviço, sem ferir a constituição hierárquica da Igreja. Onde todos entendem o conselho do Cristo, que afirmava

dispostos sempre a sujeitar-se ao juízo daqueles que exercem o múnus principal de reger a Igreja de Deus.

Com esta humildade e obediência responsável e voluntária, os presbíteros configuram-se com Cristo, experimentando em si os sentimentos de Cristo Jesus, que "se despojou de Si mesmo, tomando a forma de servo... feito obediente até à morte" (Fl 2,7-9), e por esta obediência venceu e remiu a desobediência de Adão, como afirma São Paulo: "Pela desobediência dum só homem, constituíram-se muitos pecadores: assim pela obediência dum só, constituíram-se muitos justos" (Rm 5,19).

O celibato sacerdotal

16. A continência perfeita e perpétua por amor do reino dos céus, recomendada por Cristo Senhor,[33] generosamente aceite e louvavelmente observada através dos

---

[33] Cf. Mt 19,12.

---

a hierarquia do serviço – quem quer ser o primeiro seja o servidor de todos –, é mais fácil falar de humildade e de obediência. Seguindo a mística do beato Charles de Foucauld, que pedia a Deus a graça constante de poder ocupar o último lugar em tudo, afastamos as tentações do carreirismo e da busca do poder e fazemos emergir o verdadeiro sentido do ministério ordenado, que antes de tudo é diaconal.

16. Numa sociedade que se manifesta cada vez mais hedonista, nada mais oportuno que a exigência da perfeita castidade por amor ao Reino de Deus. A vivência desta virtude supõe vidas verdadeiramente integradas. É bom deixar claro que a castidade é exigência cristã que se impõe a todos cristãos e cristãs, de acordo com o seu estado de vida, portanto, quer sejam casados

séculos e mesmo em nossos dias por não poucos fiéis, foi sempre tida em grande estima pela Igreja, especialmente na vida sacerdotal. É na verdade sinal e estímulo da caridade pastoral e fonte singular de fecundidade espiritual no mundo.[34] De si, não é exigida pela própria natureza do sacerdócio, como se deixa ver pela prática da Igreja primitiva[35] e pela tradição das Igrejas orientais, onde, além daqueles que, com todos os bispos, escolhem, pelo dom da graça, a observância do celibato, existem meritíssimos presbíteros casados. Recomendando o celibato eclesiástico, este sagrado Concílio de forma nenhuma deseja mudar a disciplina contrária, legitimamente vigente nas Igrejas orientais, e exorta amorosamente a todos os que receberam o presbiterado já no matrimônio, a que, perseverando na

---

[34] Cf. Conc. Vat. II, Const. dogm. De Ecclesia, *Lumen gentium*, n. 42: AAS 57 (1965), p. 47-49.

[35] Cf. 1Tm 3,2-5; Tt 1,6.

---

ou solteiros. Trata-se de uma vivência sadia da sexualidade como dimensão constitutiva da vida humana. Para os presbíteros, além dessa base comum, é também exigido o celibato, como o Decreto o descreve "perfeita e perpétua continência por amor ao Reino do céu". É fundamental insistir que a ausência de uma vida integrada impede a assunção sadia do celibato. Como já dissemos, antes de ser presbítero, o homem precisa ser cristão; e antes de ser cristão, é preciso ser gente, ser pessoa humana. Se essas etapas não são respeitadas, é ilusório cobrar do presbítero algo para o qual lhe faltam as condições básicas existenciais. Aqui vale a pena lembrar o velho axioma: a graça supõe a natureza. Já se falou que a caridade pastoral e a vivência em presbitério se constituem no eixo existencial da vida do presbítero. Constituem-se também na possibilidade real da vivência autêntica da castidade por amor ao

sua santa vocação, continuem a dispensar generosa e plenamente a sua vida pelo rebanho que lhes foi confiado.[36]

Todavia, o celibato harmoniza-se por muitos títulos com o sacerdócio. Na verdade, toda a missão sacerdotal se dedica totalmente ao serviço da humanidade nova, que Cristo, vencedor da morte, suscita no mundo pelo seu Espírito e tem a sua origem, "não no sangue, nem na vontade da carne, nem na vontade do homem, mas em Deus" (Jo 1,13). Pela virgindade ou pelo celibato observado por amor do reino dos céus,[37] os presbíteros consagram-se por um novo e excelente título a Cristo, aderem a Ele mais

---

[36] Cf. Pio XI, Encícl. *Ad Catholici sacerdotii*, 20 dez. 1935: AAS 28 (1936), p. 28.

[37] Cf. Mt 19,12.

Reino. Para tudo isso, a base é a vida integrada, é a busca por ser verdadeiramente humano. O Decreto reconhece que o celibato não pertence à natureza do sacerdócio e vê como autêntica forma de exercer o ministério a praxe da Igreja oriental, que articula matrimônio e ministério ordenado para seus padres, exceto aos seus bispos. Nessa mesma perspectiva afirma o Cardeal Kasper: "O celibato do padre não é um mandamento divino, nem uma disposição apostólica" (KASPER, Walter. *Servidores da alegria*. São Paulo: Loyola, 2008. p. 60). O Decreto afirma que o motivo do celibato é a sua adequação "de mil modos" ao sacerdócio. Classifica o celibato como privilegiada maneira de se configurar a Cristo, aderindo a ele de coração indiviso. Importante ressaltar que não é somente a abstinência da genitalidade que torna o coração indiviso. Este deve ser fruto de uma vivência pessoal de quem soube integrar todas as dimensões do humano e centrou sua vida generosamente na missão que assumiu livremente. Apegos ao poder,

facilmente com um coração indiviso,[38] n'Ele e por Ele mais livremente se dedicam ao serviço de Deus e dos homens, com mais facilidade servem o seu reino e a obra da regeneração sobrenatural, e tornam-se mais aptos para receberem, de forma mais ampla, a paternidade em Cristo. Deste modo, manifestam ainda aos homens que desejam dedicar-se indivisamente ao múnus que lhes foi confiado, isto é, de desposar os fiéis com um só esposo e apresentá-los como virgem casta a Cristo,[39] evocando assim aquela misteriosa união fundada por Deus e que se há de manifestar plenamente no futuro, em que a Igreja terá um

---

[38]   Cf. 1Cor 7,32-34.

[39]   Cf. 2Cor 11,2.

---

ao dinheiro, às ideologias, assim como narcisismos, hedonismos e outros desequilíbrios atingem o self da pessoa e também lhe dividem o coração, tirando-a do foco de sua entrega total, exigência da missão presbiteral. Um bom exemplo de pessoa integrada, de coração indiviso, é o que propõe como ideal cristão a Carta de Tiago, que tem como chave de leitura a censura à pessoa de duas almas, ou de alma dividida (Tg 1,8). Sob esse prisma se pode ler a Carta de Tiago e emergirá dessa leitura o cristão de coração indiviso, que soube articular fé e vida.

Esse parágrafo sobre o celibato ainda destaca essa exigência para o exercício do ministério presbiteral como um dom de Deus e que os sacerdotes e todos os fiéis o peçam constantemente ao Pai que o conceda a sua Igreja. É preciso mesmo a imprescindível ajuda mútua na vivência desse dom. O individualismo também acabou por dar uma visão errada da vida celibatária, além de

único esposo, Cristo.[40] Além disso, tornam-se sinal vivo do mundo futuro, já presente pela fé e pela caridade, em que os filhos da ressurreição não se casam nem se dão em casamento.[41]

Por todas estas razões, fundadas no mistério de Cristo e na sua missão, o celibato, que a princípio era apenas recomendado aos sacerdotes, depois foi imposto por lei na

---

[40] Cf. Conc. Vat. II, Const. dogm. De Ecclesia, *Lumen gentium*, n. 42 e 44: AAS 57 (1965), p. 47-49 e 50-51; Decreto De accommodata renovatione vitae *Ad catholici sacerdotii*, 20 dez. 1935: AAS 28 (1936), p. 24-28; Pio XII, Encícl. religiosae, *Perfectae caritatis*, n. 12.

[41] Cf. Lc 20,35-36; Pio XI, Encícl. *Sacra Virginitas*, 25 março 1954: AAS 46 (1954), p. 169-172.

---

torná-la mais difícil. "A atualmente bastante difundida existência de solteirão de muitos sacerdotes leva ao isolamento, além de não corresponder absolutamente à forma de vida jesuânica comunitária e dificilmente poder ser justificada do ponto de vista humano e cristão", afirma o Cardeal Kasper (*Servidores da alegria*, cit., p. 62). Como já sugerimos anteriormente, aqui emergem como de sumo valor as diversas formas de fraternidades entre os presbíteros. "Os padres devem reunir-se, visitar-se, compartilhar suas experiências pastorais boas e más, consolar-se mutuamente, fortalecer e apoiar solidariamente uns aos outros. Deveria haver genuínas amizades entre os padres. Que o moderno individualismo burguês também tenha entrado no sacerdócio não é uma boa evolução" (*Servidores da alegria*, cit., p. 64).

Por fim, importante destacar possibilidades concretas para viver o amor como celibatário, evitando presbíteros azedos, autoritários, solitários, rabugentos e infelizes. Donald Cozzens, ex-capelão de sacerdotes norte-americanos, ressalta que "o que está faltando para muitos sacerdotes é a experiência da união, da

Igreja latina a todos aqueles que deviam ser promovidos às Ordens sacras. Este sagrado Concílio aprova e confirma novamente esta legislação no que respeita àqueles que se destinam ao presbiterado, confiando no Espírito Santo que o dom do celibato, tão harmônico com o sacerdócio do Novo Testamento, será dado liberalmente pelo Pai, desde que aqueles que participam do sacerdócio de Cristo pelo sacramento da Ordem, e toda a Igreja, humildemente e insistentemente o peçam. Exorta ainda este sagrado Concílio a todos os presbíteros que aceitaram livremente o santo celibato confiados na graça de Deus segundo o exemplo de Cristo, a que aderindo a ele de coração magnânimo e com toda a alma, e perseverando neste estado fielmente,

---

intimidade de uma comunhão santa com alguns bons amigos" (COZZENS, Donald. *A face mutante do sacerdócio*. São Paulo: Loyola, 2001. p. 47). No capítulo três desse livro, Cozzens desenvolve a necessidade do ser humano e, claro, também de todos os presbíteros, de um sadio cultivo de intimidades, de amizades verdadeiramente santas, que sejam na vida dos sacerdotes reais almas gêmeas. Ele une essa dimensão da intimidade à da transcendência na vida do celibatário, afirmando que quanto mais profundo é o amor de um padre por Deus, maior capacidade de amor e amizade humanos ele desenvolve; inversamente também se pode perceber que quanto mais autênticas são as relações celibatárias, mais central e determinante é o amor de um presbítero por Deus. No mesmo tom, ele também alerta: "Necessidades de intimidade não satisfeitas levaram inúmeros sacerdotes a pensar que só conseguiriam encontrar uma verdadeira realização no casamento ou, no caso de sacerdote de preferência homossexual, numa relação sexualmente ativa com outro homem" (*A face mutante do sacerdócio*, cit., p. 52). Ele enumera alguns exemplos de pessoas bem-sucedidas no campo do amor celibatário, tais como Jordão

reconheçam tão insigne dom, que lhes foi dado pelo Pai e tão claramente é exaltado pelo Senhor,[42] tendo diante dos olhos os grandes mistérios que nele são significados e nele se realizam. Quanto mais, porém, a perfeita continência é tida por impossível por tantos homens no mundo de hoje, tanto mais humildemente e persistentemente peçam os presbíteros em união com a Igreja a graça da fidelidade, que nunca é negada aos que a suplicam, empregando ao mesmo tempo os auxílios sobrenaturais e naturais, que

---

[42] Cf. Mt 19,11.

---

da Saxônia e Diana d'Andalo, Thomas Merton e uma estudante de enfermagem que cuidou dele, sem omitir o risco possível dessas relações, mas deixa clara sua convicção de que fugir dessas relações não é menos danoso na vida dos celibatários. "Satisfazer o desejo essencial da alma por união e intimidade será perigoso de tempos em tempos. Maiores perigos rondam, porém, sacerdotes e leigos que determinem teimosamente viver sua vida na pseudossegurança do isolamento emocional" (*A face mutante do sacerdócio*, p. 65).

Não deixa de ser um sinal dos tempos a atual reincidência de casos de desequilíbrio na vivência da sexualidade da parte de inúmeros presbíteros. Por outro lado, é sempre salutar separar os desvios ocorridos nessa dimensão existencial da verdadeira e sadia vivência do celibato exigido para o exercício do ministério presbiteral. A questão é mais ampla e está a exigir de todos nós um enfrentamento corajoso sobre o tema e não simplesmente atribuir tais desvios à exigência do celibato. Sem negar os esforços da hierarquia de responder a essa questão, sobretudo no pontificado do Papa Bento XVI, creio que ainda não conseguimos dar uma resposta satisfatória a esse tema. Inúmeras reflexões têm emergido de vários segmentos eclesiais que poderão, ao longo do

estão à mão de todos. Sobretudo não deixem de seguir as normas ascéticas, aprovadas pela experiência da Igreja e não menos necessárias no mundo de hoje. Por isso, este sagrado Concílio pede não somente aos sacerdotes, mas também a todos os fiéis, que tenham a peito este dom precioso do celibato sacerdotal e supliquem a Deus que o confira sempre abundantemente à Sua Igreja.

Pobreza voluntária

17. Em amigável e fraterno convívio entre si e com os outros homens, têm os presbíteros ocasião de aprender a cultivar os valores humanos e a estimar os bens criados como dons de Deus. Vivendo no mundo, saibam, porém, que, segundo a palavra do Senhor nosso mestre, não são

---

tempo, configurar-se num valioso instrumento de trabalho nesse campo árduo e difícil da vivência da sexualidade na vida de ministros ordenados. A Conferência dos Bispos dos Estados Unidos tem-se debruçado sobre o tema e indicado pistas valiosas. Enfoques sobre a distinção entre sexualidade e genitalidade, pedofilia e efebofilia, dentre outros, vão colaborando para uma tratativa mais científica sobre o tema. O importante é recuperar a possibilidade de uma real integração da sexualidade na vida celibatária e distingui-la dos desvios que a contrariam.

O que fica claro é a necessidade de continuar o diálogo profundo, honesto, destemido e transparente sobre tais desequilíbrios para que não prossigamos abrindo tantas feridas em inúmeros irmãos e irmãs e não continuemos manchando a comunidade cristã edificada com tanto sacrifício e entrega generosa de muitas vidas, até mesmo por meio do martírio.

17. Profundamente unida às virtudes da obediência e da vida casta no celibato está a virtude da pobreza evangélica.

do mundo,[43] Usando, portanto, do mundo como se não usassem,[44] chegarão àquela liberdade em que, desprendidos de todo o cuidado desordenado, se tornam dóceis em ouvir a voz de Deus na vida quotidiana. Esta atitude é de grande importância para os sacerdotes, porque a missão da Igreja realiza-se no meio do mundo e os bens criados são absolutamente necessários ao aperfeiçoamento pessoal do homem. Mostrem-se de ânimo agradecido por todos os bens que o Pai celeste lhes confia para levar uma vida santa. É necessário, porém, que julguem à luz

---

[43] Cf. Jo 17,14-16.
[44] Cf. 1Cor 7,31.

Pode-se inclusive afirmar sem medo de errar que a vivência de uma não se faz com autenticidade se estiver desvinculada das demais. Saber se servir dos bens materiais sem se prender a eles é o desafio posto a todos os cristãos e, mormente, aos presbíteros, pois, na verdade, eles administram o patrimônio que é comum a todos na Igreja. O Decreto sugere que os presbíteros se sirvam de leigos experimentados para uma eficaz administração dos bens eclesiásticos, e o Código de Direito Canônico traz como obrigação a criação de um conselho de assuntos econômicos, constituído por leigos idôneos (CDC, cân. 537). Cabe ao presbítero a consciência clara da origem e finalidade de todos os bens adquiridos por meio do exercício do seu ministério. Quando um presbítero assume uma missão quer seja na paróquia ou em qualquer outra obra apostólica como se fosse sua, particular, desvirtua a função que lhe foi confiada. Se para os irmãos e irmãs de vida consagrada é exigida a vivência da pobreza evangélica de forma radical, para os presbíteros diocesanos não pode ser tão diferente. Aliás, na explicitação dessa virtude, a *Presbyterorum Ordinis* foi mais profunda

da fé os bens que lhes advêm, para que sejam empregados segundo o reto uso que corresponde à vontade de Deus, e afastem de si tudo aquilo que for nocivo à sua missão.

Os sacerdotes, na verdade, porque o Senhor é a "sua parte e a sua herança" (Nm 18,20), devem usar os bens materiais somente para aqueles fins a que, segundo a doutrina e ordenação da Igreja, é lícito destiná-los.

Os bens eclesiásticos propriamente ditos, segundo a sua mesma natureza, administrem-nos os sacerdotes, segundo as normas das leis eclesiásticas, utilizando, quanto for possível, o parecer de peritos leigos, e destinem-nos sempre segundo aqueles fins, para os quais é lícito à Igreja possuir bens temporais, isto é, para o culto divino, honesta

---

que o Decreto *Perfecta Caritatis*, sobre a vida consagrada (cf. PC, n. 13). Faz-se necessário mesmo aprender a ser livre no uso adequado dos bens, não fazendo deles o tesouro maior de sua vida. Porém, para que isso aconteça, não bastam apelos morais aos presbíteros, pois se trata de um cuidado amplo e eficiente de toda a Igreja. Dentre os contratestemunhos encontrados na vida dos padres, a existência de gritantes diferenças econômicas entre eles se configura como escândalo a muitos fiéis. Muitas vezes, isso ocorre não somente pelas deficiências humanas dos padres, mas pela falta de uma política clara de administração dos bens da parte de toda a instituição. Estamos distantes de uma administração ideal dos bens da Igreja, mas não faltam exemplos pertinentes a serem seguidos, tais como o do Fundo de Solidariedade Sacerdotal ou outro nome que se dão às caixas comuns constituídas com a contribuição de todos os presbíteros, numa Igreja local. Também servem como verdadeiros modelos os presbíteros que assumem a condição de vida simples do povo, por meio de um despojamento radical expresso com transparência até mesmo nas

sustentação do clero, obras de apostolado e caridade, sobretudo para com os pobres.[45] Os bens, porém, que adquirem para si, por ocasião de algum cargo eclesiástico, salvo o direito particular,[46] empreguem-nos os presbíteros, da mesma maneira que os bispos, primeiramente para a sua honesta sustentação e desempenho dos deveres próprios de seu estado; os que sobrarem, destinem-nos ao bem da Igreja ou obras de caridade. Desta forma, não tenham os cargos eclesiásticos para lucro, nem gastem os rendimentos deles provenientes em aumentar os bens próprios de família.[47] Por isso, os sacerdotes, não apegando, de forma nenhuma, o coração às riquezas,[48] evitem toda a cobiça e abstenham-se cuidadosamente de toda a sombra de comércio.

---

[45] Conc. Antioch., can, 25: Mansi, 2, 1327-1328; *Decretum Gratiani*, c. 23, c. 12, q. 1 (ed. Friedberg, I, 684-685).

[46] Isto entende-se sobretudo dos direitos e dos costumes em vigor nas Igrejas Orientais.

[47] Conc. Paris. a. 829, can. 15: MGH Legum sect. III, *Concilia*, t. 2, p. 622; Conc. Trid., ses. XXV, Decr. *de reform.*, c. 1: *Conc. Dec. Decreta*, ed. Herder, Roma, 1962, p. 760-761.

[48] Cf. Sl 62,11 (Vg. 61).

---

condições de moradia, revelando sua inserção evangélica. Embora esse radicalismo seja um dom dado a alguns e não a todos, será sempre um sinal significativo no meio do clero, alertando contra os exageros que a vida consumista provoca. Tal testemunho, segundo o Decreto, tornará mais evidente a semelhança do presbítero com Cristo e o fará mais disponível para o exercício do ministério. Somos todos convidados, presbíteros e bispos, a evitar tudo o que possa escandalizar e afastar os pobres, sobretudo o cultivo da vaidade, tão contrária aos ensinamentos de Nosso Senhor, que, sendo de condição divina, não reivindicou esse seu direito; ao contrário, aniquilou-se a si mesmo e assumiu a condição

Antes são convidados a abraçar a pobreza voluntária, pela qual mais claramente se configuram com Cristo e se tornam mais aptos para o sagrado ministério. Na verdade, Cristo, sendo rico, fez-se pobre por amor de nós, para que nos tornássemos ricos da sua pobreza.[49] Os Apóstolos, pelo seu próprio exemplo, testemunharam que deve ser dado de graça o que de graça receberam,[50] sabendo viver na abundância e na penúria.[51] Também algum uso comum das coisas, à maneira da comunhão de bens louvada na Igreja primitiva,[52] prepara ótimo caminho para a caridade pastoral e, mediante tal forma de vida, podem os presbíteros louvavelmente viver o espírito de pobreza recomendado por Cristo.

Guiados, pois, pelo Espírito do Senhor que ungiu o Salvador e O enviou a evangelizar os pobres,[53] os presbíteros, assim como os bispos, evitem tudo o que possa de algum modo afastar os pobres, fugindo, mais que os restantes discípulos de Cristo, a toda a sombra de vaidade nas suas coisas. Disponham a sua habitação de maneira que não se torne inacessível a ninguém, e que ninguém, por mais humilde que seja, tenha receio de se abeirar dela.

---

[49] Cf. 2Cor 8,9.

[50] Cf. At 8,18-25.

[51] Cf. Fl 4,12.

[52] Cf. At 2,42-47.

[53] Cf. Lc 4,18.

---

de servidor, tornando-se semelhante aos homens (cf. Fl 2,6-7). A opção pelos pobres implica coerência nas demais dimensões constitutivas do ser presbítero.

III. Auxílios para a vida dos presbíteros

Auxílios para promover a vida espiritual

18. Para favorecer a união com Cristo, em todas as circunstâncias da sua vida, os presbíteros dispõem, além do exercício consciente do seu ministério, de meios comuns e particulares, modernos e antigos, que o Espírito Santo nunca deixou de suscitar no Povo de Deus e que a Igreja, desejosa da santificação dos seus membros, recomenda e algumas vezes até preceitua.[54] Entre todos os auxílios espirituais, sobressaem os atos pelos quais os fiéis se alimentam da palavra de Deus, na dupla mesa da Sagrada Escritura e da Eucaristia.[55] De quanta importância seja a sua assídua frequência, para a própria santificação dos presbíteros, não há ninguém que o não veja.

---

[54] Cf. CIC, can. 125s.

[55] Cf. Conc. Vat. II, Decr. De accommodata renovatione vitae religiosae, *Perfectae caritatis*, n. 7; Const.

---

18. A terceira e última seção do capítulo III do Decreto sobre os presbíteros oferece alguns subsídios para a vida concreta dos padres no campo da vida espiritual, intelectual e material. Sem apontar novidades, o Decreto remarca a necessidade da vida integrada com o exercício do ministério, afugentando as tentações de sua redução a mera função eclesial. Nessa perspectiva, destaca a importância da assiduidade do presbítero na participação na dupla mesa da Sagrada Escritura e da Eucaristia; na busca frequente do sacramento da penitência, acompanhado da revisão cotidiana da consciência; no cultivo da devoção mariana, pois em Maria os presbíteros encontram o modelo da fidelidade a Jesus Cristo; no retiro, bem como a orientação espiritual; e, por fim, na

Os ministros da graça sacramental unem-se a Cristo Salvador e pastor pela frutuosa recepção dos sacramentos, especialmente pela frequente recepção do sacramento da penitência, que preparado pelo quotidiano exame de consciência muito favorece a necessária conversão do coração ao amor do pai das misericórdias. A luz da fé, alimentada pela leitura da Sagrada Escritura, podem perscrutar atentamente os sinais da vontade de Deus e os impulsos da sua graça nos vários acontecimentos da vida, e assim tornarem-se cada vez mais dóceis à sua missão assumida no Espírito Santo. Maravilhoso exemplo desta docilidade encontram-no na bem-aventurada Virgem Maria, que guiada pelo Espírito Santo, se dedicou totalmente ao mistério da redenção dos homens,[56] Ela, a quem os presbíteros devem amar e venerar com devoção e culto filial, como Mãe do

---

[56] Cf. Conc. Vat. II, Const. dogm. De ecclesia *Lumen gentium*, n. 65: AAS 57 (1965), p. 64-65.

---

dedicação à oração pessoal de diversas formas e à oração junto com o povo a ele confiado. Vale a pena recordar que a intimidade com Deus, tão necessária à vida do presbítero, não está descolada da necessária vivência na intimidade com pessoas concretas, pois "por si só, sem uma profunda e autêntica amizade humana, a intimidade com Deus experimentada na oração, nos sacramentos e nas práticas devocionais deixa o espírito ligeiramente fora de equilíbrio. Com o passar do tempo, alguns vêm a compreender que seu amor por Deus é de fato aprofundado e fortalecido por amizades celibatárias e íntimas com outros – amizades que vão além de seu amor ministerial pelos paroquianos como paroquianos" (*A face mutante do sacerdócio*, cit., p. 47). Daí a pertinência e necessidade de integralidade na articulação entre fé professada e vida testemunhada.

sumo e eterno sacerdote, como rainha dos Apóstolos e auxílio do seu ministério.

Para desempenhar com fidelidade o seu ministério, tenham a peito o colóquio quotidiano com Cristo Senhor, na visita e culto pessoal à Sagrada Eucaristia; entreguem-se de bom grado ao retiro espiritual, e tenham em grande apreço a direção espiritual. De variados modos, especialmente pela prática da oração mental e das demais formas de oração, que livremente escolhem, buscam os presbíteros e instantemente pedem a Deus aquele espírito de verdadeira adoração, com que eles, ao mesmo tempo que o povo a si confiado, se unem intimamente a Cristo, mediador do Novo Testamento, e, como filhos da adoção, podem clamar: "Abba, Pai" (Rm 8,15).

Ciência sagrada e formação pastoral

19. No rito sagrado da ordenação, os presbíteros são admoestados pelo bispo que "sejam amadurecidos na ciência" e que a sua doutrina seja "remédio espiritual para o Povo de Deus".[57] A ciência, porém, própria do ministro sagrado, deve ser sagrada, porque é tomada de uma fonte sagrada e se orienta a um fim sagrado. Primeiro que tudo,

---

[57] Pont. Rom., "ordenação dos Presbíteros".

---

19. O Decreto reconhece a crescente e permanente necessidade também de formação científica para o bom exercício do ministério presbiteral, diante das inúmeras demandas da sociedade. Destaca que o presbítero é, antes de tudo, homem profundamente identificado com as Sagradas Escrituras, com a ciência dos Santos Padres e familiarizado com a doutrina do Magistério.

seja haurida na leitura e meditação da Sagrada Escritura,[58] mas alimente-se também com fruto, dos estudos dos santos Padres e Doutores e ainda dos outros documentos da Tradição. Além disso, para dar resposta apropriada às questões agitadas pelos homens do nosso tempo, é necessário que os presbíteros conheçam bem os documentos do magistério eclesiástico, mas sobretudo dos Concílios e dos Sumos Pontífices, assim como devem ter à mão os melhores e mais aprovados escritores de teologia.

Visto que, no nosso tempo, a cultura humana e ainda as ciências sagradas progridem incessantemente, os presbíteros são forçados a aperfeiçoar, de modo conveniente e sem interrupção, os seus conhecimentos a respeito das coisas divinas e humanas, preparando-se assim, de maneira mais oportuna, para o diálogo com os seus contemporâneos.

Para os presbíteros mais facilmente se darem aos estudos e aprenderem do modo mais eficaz os métodos de evangelização e apostolado, com todo o cuidado sejam-lhes proporcionados os meios convenientes, como são a organização de cursos ou congressos, segundo as condições do território de cada um, a ereção de centros destinados a estudos pastorais, a constituição de bibliotecas e a

---

[58] Cf. Conc. Vat. II, Const. dogm. De divina Revelatione, *Dei Verbum*, n. 25.

Também afirma que o presbítero precisa aperfeiçoar-se nos conhecimentos divinos e humanos, preparando-se para o diálogo com a sociedade. Além do apelo pessoal aos presbíteros, o Decreto aponta a responsabilidade da Igreja na formação adequada de seus ministros, oferecendo-lhes oportunidades efetivas de aprofundamento e atualização permanentes. Interessante observar

conveniente orientação de estudos feita por pessoas competentes. Considerem os bispos, por si ou em mútua colaboração, o modo mais oportuno de fazer com que todos os presbíteros, em tempos determinados, sobretudo nos primeiros anos depois da ordenação,[59] possam frequentar algum curso em que lhes seja proporcionada a ocasião não só de adquirir um maior conhecimento dos métodos pastorais e da ciência teológica, mas também de robustecer a sua vida espiritual e comunicar com seus irmãos as experiências apostólicas.[60] Com estes e semelhantes auxílios, sejam ajudados ainda os párocos novos e aqueles que são destinados a uma nova obra pastoral, ou que são enviados a outra diocese ou nação.

---

[59] Este curso não é o mesmo que aquele curso pastoral que deve ser feito logo a seguir à ordenação, de que fala o Decreto De institutione sacerdotali, *Optatam totius*,

[60] Cf. Conc. Vat. II, Decr. De pastorali Episcoporum munere in Ecclesia, *Christus Dominus*, n. 17.

---

que o Decreto sugere que aos cursos específicos de aprofundamento acadêmico sejam encaminhados os presbíteros "depois de alguns anos de ordenação". De fato, esse vem se configurando num critério bastante oportuno na vida da Igreja, pois os estudos acadêmicos, acompanhados de algum tempo de exercício do ministério, costumam ser muito mais bem vividos e aproveitados, pois o presbítero terá mais maturidade para articular a ciência com as reais necessidades da evangelização. O academicismo não coaduna com a vida do ministro ordenado, que é chamado a ser discípulo permanente do único Mestre, Nosso Senhor Jesus Cristo. Na América Latina foi desenvolvido de maneira bastante eficaz e salutar o costume de se unirem os estudos acadêmicos com o exercício concreto do ministério pastoral, pois se entendeu entre nós que especialista nas ciências sagradas precisa ser íntimo

Finalmente, os bispos terão cuidado de que alguns deles se dediquem a um conhecimento mais profundo das coisas divinas, para que nunca faltem mestres idôneos para a formação do clero, e os outros sacerdotes e fiéis sejam ajudados na aquisição da doutrina que lhes é necessária, e se favoreça assim um são progresso nas matérias sagradas, absolutamente necessário à Igreja.

Justa remuneração econômica

20. Entregues ao serviço de Deus, pelo desempenho do cargo que lhes foi confiado, os presbíteros são merecedores da justa recompensa, visto que "o operário é digno

---

da vida do povo, evitando, assim, intelectuais de gabinete. Além disso, o método indutivo bastante difundido no continente latino-americano, por meio da didática aplicação dos passos ver, julgar e agir favoreceu o desenvolvimento de uma teologia encarnada e consequente com a totalidade da vida do povo. Dessa prática, emergiu o intelectual orgânico no seio da Igreja, que soube articular as opções existenciais e evangélicas com o desenvolvimento científico, no aprofundamento das ciências humanas e sagradas.

20-21. Praticamente já tratamos do cuidado da vida material dos presbíteros, quando comentamos a virtude da pobreza evangélica, mas desses dois parágrafos cabe ainda o destaque que o Decreto dá ao "honesto sustento daqueles que ocupam ou ocuparam algum cargo a serviço do Povo de Deus". Trata-se de uma dimensão não bem vivida ainda por todos na Igreja. Não raro escuta-se dos bispos que gastam enorme tempo de seu ministério tratando de prover a Diocese e seus presbíteros dos recursos necessários para a evangelização, diminuindo-lhe as chances de um pastoreio mais direto junto ao povo a eles confiados. Recomenda-se a criação de um fundo comum de bens,

do seu salário" (Lc 10,7)[61] e "o Senhor ordenou àqueles que anunciam o Evangelho, que vivam do Evangelho" (1Cor 9,14). Por isso, onde não se tiver providenciado de outra maneira à justa remuneração dos presbíteros, os mesmos fiéis, em cujo benefício eles trabalham, têm verdadeira obrigação de procurar os meios necessários para que levem uma vida digna e honesta. Os bispos, por sua vez, estão obrigados a advertir os fiéis desta obrigação e devem procurar, ou cada um na sua diocese, ou mais convenientemente vários, num território comum, que se estabeleçam normas, segundo as quais se proveja devidamente à honesta sustentação daqueles que desempenham ou desempenharam alguma função ao serviço do Povo de Deus. A remuneração, porém, a receber por cada um, tendo em conta a natureza do múnus e as circunstâncias dos tem-

---

[61] Cf. Mt 10,10; 1Cor 9,7; 1Tm 5,18.

---

para que as necessidades das Dioceses sejam atendidas por todos e também a solidariedade entre as Igrejas locais, para que as mais bem aquinhoadas possam socorrer as que vivem em lugares menos providos dos recursos necessários à evangelização. É bom destacar que o Decreto se adiantou a um fenômeno cada vez mais frequente entre o clero, sobretudo diocesano, da ansiedade pelo futuro, que tem se constituído num real empecilho à vivência da pobreza evangélica de muitos padres e até mesmo à dedicação exclusiva ao ministério. A preocupação exagerada com as condições de vida, sobretudo na velhice, tem provocado um descentramento da missão em muitos presbíteros, que buscam empregos e ocupações fora do exercício específico do ministério ordenado. Ainda não se conseguiu um modelo adequado de administração dos bens eclesiásticos que favorecesse a todos os ministros ordenados uma dedicação exclusiva e plena de sua missão. Por um

pos e dos lugares, seja fundamentalmente a mesma para todos aqueles que se encontrem nas mesmas condições, e proporcional à sua situação, que lhes permita, além disso, não só prover devidamente à remuneração daqueles que se encontram ao seu serviço, mas também auxiliar por si mesmos de algum modo aos pobres, já que nos primeiros tempos a Igreja teve sempre em grande conta o serviço dos pobres. Esta remuneração deve, além disso, ser tal, que permita aos presbíteros, todos os anos, ter algum tempo de férias, justo e suficiente, que os bispos devem fazer que lhes seja possível.

É necessário, todavia, dar a principal importância à missão que os ministros sagrados desempenham. Por isso, o chamado sistema beneficial seja abandonado ou, pelo menos, seja reformado de tal maneira que a parte beneficial ou o direito aos rendimentos anexos, se considere secundário, e se dê de direito o lugar de primazia ao próprio ofício eclesiástico, que, de futuro, se deve entender como qualquer múnus conferido estavelmente a exercer com um fim espiritual.

---

lado, há que se notar o constante assédio do mundo consumista no meio do clero; por outro, as desigualdades gritantes no estilo e condições de vida dos ministros ordenados. Já se tentou, em âmbito nacional, um fundo comum, visando, sobretudo, o cuidado com os padres idosos, mas não colhemos bons frutos de tal experiência. Em algumas dioceses, tem funcionado um pouco melhor o fundo diocesano, mas temos de continuar a busca por modelos mais adequados no que diz respeito à justa remuneração pela dedicação exclusiva ao serviço de Deus no cumprimento de um cargo confiado ao ministro ordenado. Muito já se falou da superação do modelo paroquial de estruturação da Igreja, mas

Fundos comuns e previdência social

21. Tenha-se sempre em conta o exemplo dos fiéis da Igreja primitiva de Jerusalém, em que "todas as coisas eram comuns" (At 4,32), mas "repartiam-se cada um segundo a sua necessidade" (At 4,35). Por isso, convém sumamente, pelo menos nas regiões em que a sustentação do clero depende totalmente ou em grande parte das dádivas dos fiéis, que alguma instituição diocesana reúna os bens oferecidos para este fim, administrada pelo bispo, com a ajuda de sacerdotes para isso delegados, e, onde a utilidade o pedir, também por leigos, peritos em matéria de economia. É de desejar, além disso, quanto for possível, que, em cada diocese ou região, se constitua um fundo comum de bens, com que os bispos possam satisfazer a outras obrigações para com as pessoas que servem a Igreja e ocorrer às necessidades da diocese, e com que possam ainda as dioceses mais ricas subsidiar as mais pobres, de tal maneira que a abundância de umas cubra a penúria das outras.[62] Este fundo comum convém ser constituído, primeiro que tudo, pelas ofertas dos fiéis, mas também provir de outras fontes, a determinar pelo direito.

Além disso, nas nações em que a previdência social em favor do clero não está ainda devidamente organizada,

---

[62] Cf. 2Cor 8,14.

---

até agora não se conseguiu formular outra proposta que desse conta da sustentação dos presbíteros. Apesar de se reconhecer a necessidade de padres liberados para diversas frentes abertas pela sociedade de hoje, as Igrejas locais esbarram na fonte de sustento deles e acabam por acomodar-se no modelo único paroquial.

procurem as Conferências episcopais, tendo em conta as leis eclesiásticas e civis que haja ou instituições diocesanas, federadas entre si, ou instituições também organizadas simultaneamente para várias dioceses, ou ainda uma associação fundada para todo o território, pelas quais, sob a vigilância da Hierarquia, se proveja suficientemente tanto à previdência e assistência da saúde, como costuma dizer-se, como à devida sustentação dos presbíteros que se encontrem doentes, inválidos ou idosos. Os sacerdotes, porém, auxiliem a instituição, movidos pelo espírito de solidariedade para com seus irmãos, participando das suas tribulações,[63] considerando, ao mesmo tempo, que desta forma, sem inquietação pela sorte futura, podem cultivar a pobreza com o espírito alegre do Evangelho e dar-se mais plenamente à salvação das almas. Procurem ainda aqueles a quem isso diz respeito, que as instituições do mesmo gênero, das diversas nações, se agrupem entre si, para conseguirem maior força e se dilatarem mais amplamente.

---

[63] Cf. Fl 4,14.

Conclusão e exortação

Jesus Cristo, força dos presbíteros nas dificuldades atuais

22. Este sagrado Concílio, tendo em conta as alegrias da vida sacerdotal, também não pode esquecer as dificuldades que os presbíteros sofrem, nas circunstâncias da vida moderna. Não ignora quanto as condições econômicas e sociais, e mesmo os costumes dos homens, se transformam, e quanto a ordem de valores se modifica no apreço dos homens. Por isso, os ministros da Igreja, e até por vezes os fiéis, sentem-se como que estranhos a este mundo, perguntando-se ansiosamente com que meios idôneos e palavras próprias podem entrar em comunicação com ele. Na verdade, os novos obstáculos que se opõem à fé, a esterilidade aparente do trabalho realizado, e ainda a dura solidão que experimentam, podem levá-los ao perigo do desalento.

---

22. A conclusão, sem esquecer-se dos problemas que existem na vida dos presbíteros, apresenta uma palavra de gratidão e encorajamento dos padres conciliares a todos os sacerdotes espalhados no mundo. Lembra a todos eles que sua missão tem a assistência do Espírito Santo, que os impele a buscar novos caminhos para responder aos desafios do mundo moderno. Diz-lhes que podem contar com o apoio da Igreja-Povo de Deus, que, portanto, não estão sós.

Todavia, o mundo, tal qual hoje é confiado ao amor e ministério dos pastores da Igreja, Deus o amou de tal maneira que deu o Seu Filho unigênito por ele.[1] Na verdade, este mundo, ainda que cativo de tantos pecados, mas dotado de não pequenos recursos, oferece à Igreja pedras vivas,[2] que são edificadas para habitação de Deus no Espírito.[3] O mesmo Espírito Santo, que impele a Igreja a tentar novas vias para o mundo do nosso tempo, sugere e favorece também as convenientes acomodações do ministério sacerdotal.

Lembrem-se, pois, os presbíteros que no exercício da sua missão nunca estão sós, mas apoiados na força omnipotente de Deus: e assim, com fé em Cristo que os chamou a participar do Seu sacerdócio, deem-se com toda a confiança ao seu ministério, sabendo que Deus é poderoso para aumentar neles a caridade.[4] Lembrem-se ainda que têm os seus irmãos no sacerdócio, e até os fiéis de todo o mundo, associados a si. Na verdade, todos os presbíteros cooperam na execução do plano salvador de Deus, isto é, no mistério de Cristo ou "sacramento" escondido desde os séculos em Deus,[5] que se vai realizando gradualmente, pela colaboração dos diversos ministérios para a edificação do corpo de Cristo, até que se complete a medida da sua idade. Todas estas coisas, estando escondidas com Cristo em Deus,[6] é sobretudo pela fé que podem ser compreendidas. É necessário o exemplo de Abraão, pai dos crentes,

---

[1] Cf. Jo 3,16.
[2] Cf. 1Pd 2,5.
[3] Cf. Ef 2,22.
[4] Cf. Pont. Rom., "Ordenação dos Presbíteros".
[5] Cf. Ef 3,9.
[6] Cf. Cl 3,3.

que pela fé "obedeceu em sair para o lugar que havia de receber em herança, e saiu, não sabendo para onde" (Hb 11,8). Com efeito, o dispenseiro dos mistérios de Deus deve assemelhar-se ao homem que semeia no campo, de quem o Senhor disse: "E durma, e levante-se de dia e de noite, e a semente germina e cresce, sem que ele o saiba" (Mc 4,27). Para mais, o Senhor Jesus que disse: "Confiai, Eu venci o mundo" (Jo 16,33), não prometeu à Sua Igreja, com estas palavras, a vitória perfeita, já na terra. Todavia, o sagrado Concílio alegra-se porque a terra semeada pelo Evangelho frutifica em muitas partes pela ação do Espírito do Senhor, que enche todo o mundo e excita no coração de muitos sacerdotes e fiéis o espírito verdadeiramente missionário. Por tudo isto, o sagrado Concílio agradece afetuosamente a todos os presbíteros do mundo. "E Aquele que é poderoso para conceder mais abundantemente do que pedimos ou entendemos, segundo a força que opera em nós, a Ele se dê a glória na Igreja e em Cristo Jesus" (Ef 3,20-21).

Promulgação

Todas e cada uma das coisas, que neste Decreto se publicaram, agradaram aos Padres do Sagrado Concílio. E nós, pela autoridade apostólica que nos concedeu Cristo, juntamente com os veneráveis Padres, as aprovamos no Espírito Santo, as decretamos e estabelecemos; e para glória de Deus, mandamos promulgar o que o Concílio estabeleceu.

Roma, junto de São Pedro,
aos 7 de dezembro de 1965.

Eu, PAULO, Bispo da Igreja Católica
(Seguem-se as assinaturas dos Padres Conciliares)